谨以此书献给在中国人民取得反帝反封建斗争胜利，最终实现从站起来、富起来到强起来的苦难辉煌历程中，关心、支持、帮助过我们和牺牲生命的国际友人！

中国不会忘记

本书编写组

图书在版编目（CIP）数据

中国不会忘记 / 本书编写组编 . -- 北京 : 中央编译出版社 , 2021.8

（"铭记"系列丛书 / 周汉飞，王丹誉主编）

ISBN 978-7-5117-4009-0

Ⅰ . ①中… Ⅱ . ①本… Ⅲ . ①友好往来—外国人—生平事迹—中国 Ⅳ . ① K812.5

中国版本图书馆 CIP 数据核字 (2021) 第 172680 号

中国不会忘记

选题策划	张远航　周汉飞
责任编辑	李媛媛
责任印制	刘　慧
出版发行	中央编译出版社
地　　址	北京西城区车公庄大街乙 5 号鸿儒大厦 B 座（100044）
电　　话	（010）52612345（总编室）（010）52612335（编辑室）
	（010）52612311（营销部）（010）52612315（新技术部）
传　　真	（010）66515838
经　　销	全国新华书店
印　　刷	文畅阁印刷有限公司
开　　本	710毫米 × 1000毫米　1/16
字　　数	180千字
印　　张	13.5
版　　次	2021年7月第1版
印　　次	2021年10月第1次印刷
定　　价	58.00元

新浪微博	@中央编译出版社　　微　信　中央编译出版社（ID：cctphome）
淘宝店铺	中央编译出版社直销店（htp://sholl08367160.taobao.com）(010)52612322

本社常年法律顾问：北京市吴栾赵阎律师事务所律师　　闫军　　梁勤
凡有印装质量问题，本社负责调换，电话：（010）52612317

《铭记》丛书编委会

主　编：周汉飞　王丹誉
副主编：吴　明　闫　霞　陈聚春
编　委：吴　明　朱玉生　张　伟
　　　　田　溪　李　航　李　辉
　　　　吴　德

序
感恩·铭记·回报

《诗经·大雅·抑》:"投我以桃,报之以李。"

中华民族是懂得感恩、投桃报李的民族。

从1840年英国对华发动鸦片战争开始,中国被迫签署诸多不平等条约,对外赔款,还被迫割让了许多的领土;"二战"中日本侵略者铁蹄的蹂躏使中国遭受了世界上最大规模的人员牺牲;新中国成立后又被西方国家制裁封锁了20多年。

为了阻止中国快速发展,长期以来,以美国为首的一些西方国家受极端势力控制的媒体总是以诋毁、抹黑和污名化中国为能事,处心积虑,屡屡变换和炒作各种概念,从"中国威胁论""修昔底德陷阱""国强必霸""胁迫外交""经济、军事胁迫"到"新冠病毒溯源政治化"……

直到今天,互联网时代,他们仍信奉"谎言一千遍,就成了真理",热衷于试图通过各种令人不齿的手段和方式,不断对中国进行打压、孤立。但是,充满正义感和爱好和平的世界人民的眼睛是雪亮的,他们的傲慢、偏见和谎言反而有助于人们认清事实的真相。美国哥伦比亚大学教授杰弗里·萨克斯说过这样一句话:"中国拒绝美国的霸权,并不意味着中国也在谋求霸权。事实上,在美国以外,几乎没有人相信中国的目标是要称霸全球。"

天下苦西方霸凌久矣!历经苦难的中国人民珍惜和平,绝不会将自己曾经遭受过的悲惨经历强加给其他民族。一直以来,西方列强至死把"真理在大炮射程之内"奉为圭臬,而中国从来都把"己所不欲,勿施于人""以德服人"当作行动指南和崇高追求。

自古以来,中华民族坚持睦邻友好,而不是对外侵略扩张;执着于保家卫国的爱国主义,而不是开疆拓土的殖民主义。中华民族的血液中没有侵略他人、称霸世界的基因。中国坚持走和平发展道路,不接受"国强必霸"的逻辑。中国近代史,是一部充满灾难、落后挨打的悲惨屈辱史,是一部中华民族抵抗外来侵略、实现民族独立的伟大斗争史。

100多年来,在中国共产党坚强领导下,中国人民勇于探索、不断实践,成功开辟了中国特色社会主义道路,推动中国特色社会主义进入新时代,中国大踏步赶上了时代,中国人民意气风发走在了时代前列!

面对突如其来的新冠肺炎疫情,中国第一时间向世界卫生组织、有关国家和地区组织主动通报疫情信息、发布新冠病毒基因序列等信息、公布诊疗方案和防控方案,同许多国家、国际和地区组织开展疫情防控交流活动,开设疫情防控网上知识中心并向所有国家开放,毫无保留同各方分享防控和救治经验。中国在自身疫情防控面临巨大压力的情况下,尽己所能为国际社会提供援助,有力支持了全球疫情防控,展现了负责任世界大国的良好形象和以实际行动构建人类命运共同体的务实承诺,赢得了世界各国的普遍认可和广泛赞誉。

从新中国成立之初,在自身经济还十分困难的情况下,就开始向其他发展中国家提供不附加任何政治条件的真诚援助。中国的对外援助坚持始终尊重受援国的自主意愿和实际需求,坚持平等协商,不搞模式输出,致力于促进当地经济社会发展。这是中国与西方发达国家对发展中国家援助的根本区别。

回顾这段极不平凡的历程,中国走出了一条中国特色对外援助发展道路。

数据是最真实的语言,不会撒谎;事实是最有力的证据,无可辩驳。

人无完人,金无足赤。这个世界并不完美,但不能成为我们追求美好的羁绊。中国共产党领导下的中国,人民幸福不幸福,自由不自由,最有发言权的不是少部分人,也不是西方极少数极端势力,而是绝大多数中国人民。民意汹涌,如今中国人民追求美好生活的脚步谁也阻挡不了,善意的批评我们欢迎,对于无端恶意且带有政治目的的攻击,我们坚决不接受。

面对恶意的诽谤,我们要敢于斗争,更要善于斗争。过去,毛泽东曾形象地说,好的宣传"一支笔顶三千毛瑟枪",在当今世界让我们的善行义举传播出去,让世界上更多的人听到中国的声音,感受中国人民的友情和善意,对于打破国际反华势力的抹黑和诋毁,对于廓清一切别有用心的人与对华持有偏见媒体的虚假宣传和歪曲性报道,对于展示阔步走在全面深化改革道路上的中国人民昂扬向上的精神状态和睦仁亲邻的和善民族性格,都具有十分重要的现实意义和深远的历史意义。

中国有句俗话:亲望亲好,邻望邻好!大家好,才是真的好!我们有理由相信,这个世界绝大多数人民是善良的、爱好和平的;愿世界再多一些包容,祈愿从善如流!

2021年是中国共产党成立100周年。100年来,在中国人民最困难和最需要帮助的时候,特别是在抗日战争中,许多具有国际主义精神的外国友人和对祖国深深眷恋的海外侨胞,同我们并肩作战,在血与火、生与死的考验中结下了深厚友谊,给予我们真诚的帮助和支持,有的甚至献出了宝贵的生命。为此,我们特别组织策划、编写了《铭记》丛书第一辑共3册,其中《中国不会忘记》《祖国不会忘记》分别撷取了12位国际友人和10位(个)海外侨胞人物(群体),以传记形式呈现,通过回顾和挖掘背后鲜为人知、可歌可

中国不会忘记

泣、感人至深的故事，学习他们身上所具备的国际主义精神，重温那一个个波澜壮阔的时刻，再现中国共产党从创建，由少到多、由弱变强的苦难辉煌历程，中国人民和中华民族将永远铭记。《世界不会忘记》以纪实的笔触，对我国70多年来不平凡的援外工作进行了全景式回顾，以真真切切的事例，通过实打实的数据，受援国民众生存环境、经济结构、精神面貌发生的变化，回应了西方长期以来对我国援外工作的各种无端质疑、诋毁和抹黑。我们有充分理由并底气十足地告诉这个世界，中华民族的血管中流淌着道德的血液。

当今世界多极化、经济全球化、文化多样化、社会信息化深入发展，中国对世界的依靠、对国际事务的参与在不断加深，世界对中国的依靠、对中国的影响也在不断加深。我们尝试通过讲好"中国故事"向世界传递善意，为全面建成小康社会，实现"两个一百年"奋斗目标和中华民族伟大复兴的中国梦，推进"一带一路"倡议，构建人类命运共同体营造良好的舆论环境做出应有的贡献。

《铭记》丛书编委会

2021年7月

目　录

卢安克
活跃在中国贫困山村支教的"洋雷锋"001

傅高义
儒风浸骨的君子学者　018

远山正瑛
在中国沙漠植树的日本老人　034

哈里森·索尔兹伯里
美国老人的新长征故事 052

威尔纳·格里希
新中国第一位国企"洋厂长"　065

杰克·佩里
打开伦敦与北京的商贸大门　082

裴如意
瑞典奶奶的"中国梦"　098

吴雪莉
一辈子做中美文化交流的"红娘"　　113

伊斯雷尔·爱泼斯坦
把毕生奉献给了中国　129

安娜·路易斯·斯特朗
美国进步作家和中国人民的朋友　　147

约翰·拉贝
拯救 25 万中国苍生的"东方辛德勒"　162

柯棣华
白求恩式的共产主义战士　　178

后记

卢安克
活跃在中国贫困山村支教的"洋雷锋"

"一个外国人,毫无利己的动机,把中国人民的解放事业当作他自己的事业,这是什么精神?这是国际主义的精神,这是共产主义的精神,每一个中国共产党员都要学习这种精神。"

人们读到这段话时,脑海里闪现出的大多是加拿大共产党员白求恩的伟大形象。这段文字是1939年12月,毛泽东在他写的悼念文章《纪念白求恩》一文中的表述。

时间流淌到21世纪,当人们再读到这样的文字,尤其是对照文字的前半部分,将"解放事业"置换成"教育事业",脑海里浮现的恐怕是另一个人的形象,一位德国年轻人的形象。对于生活在现今的人们来说,白求恩的事迹印刻在书本上,这个人的事迹却真实发生在自己生活的时代,甚至就在自己身边。这么多年,无数的人目睹了他是怎样激励和改变着贫困山区少年儿童的精神面貌的。

这位德国年轻人，名叫卢安克。从20来岁到40多岁，他把青春和热血，奉献给了中国广西偏远山区那片陌生而贫穷的土地，不取分文，自带光热，谱写了一曲感人的国际主义者的奉献之歌。

改变一生的中国之旅

卢安克，1968年出生于德国第二大城市汉堡一个普通的工薪家庭。兄妹四人，父亲是老师，母亲是家庭主妇。除了双胞胎哥哥，卢安克还有一弟一妹。由于家庭教育非常开明，父母从不强求子女一定要怎样去生活，卢安克的哥哥和妹妹都活得非常"自我"。哥哥一直担任绿色和平组织的志愿者，妹妹曾有很长一段时间在非洲纳米比亚一所幼儿园当老师。

中学毕业后，卢安克做过帆船厂工人、帆船教练，服过兵役。1990年夏天，怀着对东方文化的向往，卢安克来到中国旅游观光。秀美的华夏风光和独特的人文环境，给卢安克留下了极其美好的印象。

回到汉堡后，卢安克一直想再一次踏上这片土地。经过不懈努力，1992年夏天，卢安克争取到了汉堡美术学院与中国东南大学交换生的身份前往南京东南大学建筑系学习。

东南大学有着严格的留学生管理制度。卢安克没能跟中国学生住在一起。这让一心想深入了解中国的卢安克失望不已。1993年2月，卢安克转到可以与中国学生合住的广西农业大学学习。在那里，他与一群来自广西农村的中国同学朝夕相处，对广西的农村生活有了一定地了解。广西农业大学的师生们大概想不到，这个不远万里来到中国，又从繁华大城市主动转来的金发老外，此后会将自己与中国、与广西、与广西偏远的壮族贫困乡村紧紧联系在一起……

一年的交换生留学生活很快结束了，卢安克回到德国继续学业。留学时对中国的进一步了解，让他产生了前往中国生活和工作的愿望。1996年底，大学毕业半年后，卢安克终于回到了令他魂牵梦萦的中国。

尽管曾经在这里留过学，中国于卢安克仍然是一个全新的世界。该在哪里落脚呢？卢安克考虑再三，来到了留学时曾居住过的广西阳朔县高田乡北沟村。在村里待了半年，帮农民犁田、割稻子、打谷子，什么农活都干，什么农活都会干。卢安克活脱脱把自己打造成了一个金发碧眼的本地"农村青年"。

卢安克不光喜欢干农活，还很注意方法。村民们使用的脚踩式脱粒机，既笨重又低效，卢安克运用所学的工业设计知识，设计出一款新型脱粒机，大大提高了村民的劳动效率。这件事情让他认识到，改变农村的落后状态，要从教育开始。这大概是卢安克此后在广西以教育为事业的起因。

非教师出身的职业背景，令卢安克在求职时屡屡碰壁。1997年8月，他终于在广西南宁的一所残疾人学校找到工作，义务教授德文。尽管他不领工资，此举仍触碰了政策红线。当年9月，无法就业的卢安克返回了德国。

曲折的支教路

一年多以后，1999年3月，做足了准备工作的卢安克，再次从德国回到广西。

既然在大城市求职教师岗位非常困难，卢安克决定到乡村支教，做一名教育实践工作者。他一边和朋友翻译教育书籍《适合儿童的成长》，一边向官方请求到最艰苦的地方当老师。卢安克在拒绝官方给安排到南宁一所中学当老师的工作后，1999年9月，当地教育部门安排卢安克到广西桂林的阳朔中学教英语。

为了能合法留在中国从事教育事业，经广西壮族自治区外经贸委批准，卢安克于当年9月注册成立了德国华德福教育友好协会在广西的办事处，成为办事处唯一的一名员工。卢安克坦言，他去的学校没有权利聘请外籍教师，有了这个办事处，他就有了合法从事教育事业的权利，可以做教育实践研究了。

在阳朔中学，卢安克负责初一、初二四个班的英语教学工作。他的教学方式很独特，不用课本，不考试，重语感不重语法，鼓励学生自由创作。学生们造出了"Run like the kite（风筝般自由奔跑）""I can fly a bike（我能让自行车飞起来）"这类不符合语法却充满想象力的句子，卢安克看了非常开心。

然而，学校教育是有"标准"的，那个"标准"就是学生成绩。卢安克这套教学方法，很有趣，大受学生欢迎，却不能提高学生的考试成绩。学期结束后，卢安克被迫离开。校长的话说得很直白："你教得很有趣味，但我们有升学率指标，有考试制度，有考核标准……"

2000年2月，卢安克终于去了他最想去的地方，也就是"最艰苦的地方"——位于阳朔县兴坪镇农村的大坪子初中。这所学校不通自来水、不通电话、不通公路，食堂每天只有一个青菜。即便条件如此艰苦，但学期结束后，卢安克仍旧被学校以相同的理由婉拒了。

不受校方欢迎的卢老师，在离开学校后收到了学生的来信：

"洋雷锋：好玩的课没有了，现在的课死板，没意思……"

2000年8月，再一次面临没有学校要、没有学生可教的卢安克，把自己这些年教育实践的经历和教育理念，整理成了一本书《与孩子的天性合作》。

三个月后，2000年11月，卢安克回到了最初来中国从事教育事业的第一站——南宁残疾人职业学校，教了盲人学生一段时间的英语。

转年到了下学期。2001年2月，卢安克收到了广西最穷的县之一——河池市东兰县隘洞中学的邀请，前往担任初中英语、地理和美术老师，继续他的教育研究。

正是在隘洞中学，卢安克发现，有50%的学龄儿童不能上初中。他教的那个初中班，每隔几周就会少几个学生。特别是到了期末考试期间，一些人什么也没说，就突然不见了。

"我的学生上学的目的是中考，如果中考每门课不能超过90分就上不了好高中。我试过填写2001年的中考英文试卷，估计连80分都得不到。老师的工资要看学生的成绩，一些老师们为了自己的工资，只管有希望升学的学生。普通班是没有学生能考上高中的，他们对高中已经放弃了。虽然人还在学校，可学生自己也不清楚再学下去是为了什么。学校里的生活跟他们在家里的生活是分开的，家长的意思则是：如果考不上大学，上学是没有什么用的。"

卢安克不无忧虑地说。

很多学生不仅无法达到标准，也交不起学校要求的费用，所以他们在离开学校的时候，什么都不敢说。继续留在学校的学生则常常告诉卢安克："回家放牛吧！"这引起了卢安克的深思。是他们不适合学校，还是学校根本就不是为他们办的？卢安克不想看到他的学生越来越少。在原有的淘汰机制下，他那些来自深山的学生，基本上迟早会被淘汰——不是主动失学，就是在升学竞争中败下阵来。卢安克感觉，只有到他们家里去，才能再找到他们。

另一方面，卢安克强烈地意识到，他无法达到学校要求的"标准"，无法成为他们想要的"好老师"。他的学生希望他只让他们做几亿人都已经找到答案的作业题。而如果他给学生的只是一些结果，他们永远也找不到新的、别人还没有找到的东西。卢安克认为，他的学生，只有找到自己的、新的思考方式，他们的生活才有可能改变，这就是他的教育理想。

两年的教学实践，让卢安克认识到传统的学校教育，只是为了满足一种被社会承认的"标准"。学生在满足这个"标准"的过程中，脱离了他们的天性，脱离了他们的生活……"教育难道只是为了获胜？我不想继续跟学生一起奔跑着参加这场竞赛——这场一直匆忙地奔跑着，最后自己都不知道跑的路是不是属于自己的竞赛。"既然无法通过学校实现自己的梦想，那就只能换

中国不会忘记

个方式了。

在隘洞中学教书时，卢安克非常喜欢去学生在山里的家。"五一长假，整个星期我都在山里走，每天大概走两个小时的山路，晚上在不同的村里我学生家里住。"

经过一段时间的考虑，卢安克把办事处地址从南宁搬迁到了林广屯。

广西东兰县坡拉乡建开村林广屯广拉队，是一个不通电话、不通公路，村民只会说壮语的偏僻小山村，人口只有150人。2001年7月，这里来了一位高鼻金发蓝眼睛的外国人。

"这是个什么烂仔，把头发染成这种颜色！"因为没有见过外国人，乡下老头第一次见到卢安克时这样说。

卢安克租下学生家里闲置的房子，免费招收当地失学的青少年前来学习。另辟蹊径的卢安克，**计划与没有上过学的青少年一起做教育实验，目的是研究如何让年轻人学会改变和创造自己的生活环境。**

为避免老乡误会，卢安克在开课之前，给家长们罗列了一系列事项：

开展教育活动不是办学，参加活动的小孩不能拿到任何毕业证书；

老师不接受任何费用，需要的只是给老师提供饭吃（不吃肉）；

不能直接给参加活动的小孩带来任何经济上的好处；

开展的教育活动不是老师讲课，也不是学生听课，更不是分开上不同的课；

开展的活动是要大家一起实践的项目，项目就是孩子自己想出来的梦；

学习的目的是让小孩发现自己的才能，让小孩在生活中找到根据自己的个性产生的做法和生活任务，让他们能够根据自己发现的

卢安克 —— 活跃在中国贫困山村支教的"洋雷锋"

需要做事……

来上课的年轻人,全都只会说壮语,听不懂普通话。卢安克听不懂壮语,只能说普通话。开始几天,有大人帮忙翻译,但他们理解不了卢安克的想法,总是对学生说:"看,卢老师多伟大,他来这里和我们一起生活,解决文盲问题,让我们村富裕起来。"

"我不是来扶贫的。"卢安克说,"如果只帮他们赚钱回来,村里得到的变化只是:不用再那么辛苦地从早到晚干活,以前的生活任务没有了,可是能赋予生活意义的新的任务又没有。结果,他们的心理会越来越空虚、脆弱和不健康。"

在接下来的日子里,人们常常看到一个外国人带着一帮14—18岁的当地青少年读书,教他们说普通话,读拼音,识汉字。

学生们兴趣越来越大。因为停电,他们每晚点柴油灯上课。在掌握一些拼音知识后,卢安克让每个学生讲出自己的故事。学生们便说他们怎么去外面办事,因为不懂普通话找不到回家的车;或者他们怎么到镇上去卖水果,由于没有学过算术而受骗。

更多的时候,卢安克带着学生,通过解决生活中遇到的问题来学习。他带着学生勘察地形,为村里画地图,设计村里的道路、桥梁。远在德国的哥哥得知他们设计出村里的道路图,建议把图纸变为现实,由他来赞助材料费。

在哥哥的支持下,卢安克组织村民修出了全村唯一的一条水泥路。

虽然在广拉队做了很多教育实验,但这段时间的教育实践,再次让卢安克心生不安。参与学习的年轻人,因为年龄偏大,心性基本定型,只能完成任务,无法做到自发的创造。他想教给学生的不仅仅是完成任务,而是解决问题需要的才能和力量。这种能力的培养,必须从更早的儿童期开始。

板烈小学的教育实践

在卢安克的内心,有着一个关于教育的乌托邦式梦想。这可能跟他从小所受的教育有关。在德国,从事基础教育的学校不止一种,父母给他们选择了一所不用考试的学校,课本都是孩子们自己编的。"我的父母和老师没有把我当成傻瓜,没有让我做那种考傻瓜的练习题,比如说'用直线把词语连接起来'。这种练习只是把一个人有创造能力的思维变得标准化。"

以志愿者身份在中国的教育领域几经挫折和碰壁后,卢安克终于找到了实践自己教育梦想的地点,那就是离林广屯五小时山路的东兰县切学乡板烈村——同样是一个不通电话、只有拖拉机能够通行、村民只会说壮语的偏僻小山村。

2003年3月,卢安克与东兰县切学乡板烈小学接触。这是一所完全小学,校园环境比之前的都要艰苦。卢安克看中这里,是因为这里有一个能完全接纳他,同意他按自己的方式做教育研究的校长。

2003年9月,卢安克正式成为板烈小学一名不拿工资的教师,开启了全新的支教生涯。

在板烈小学,卢安克承担了音乐、美术、自然等学科的教学任务,按照自己独特的方法授课——上课不用课本、带着学生创作……还经常把课堂搬到稻田里,搬到小河边……

卢安克在学校做的第一件事,是组织五年级的学生为学校边上的小河设计、建造了河坝,用以做学生平时游泳的地方。哥哥又一次赞助了材料费。

卢安克很少跟学生讲大道理,更多的是跟孩子们相处,陪伴孩子,一起去经历,各自去感受。他认为:语言是没有用的,说过了就会忘记,重要的是行动,是去经历,哪怕他当时不能够理解。

为了帮孩子们通过行为来学习,树立良好的价值观,卢安克专门写了个剧本,名字叫《和平剑》。孩子们自己制作道具,自己配乐,轮流扮演主人公。

卢安克 —— 活跃在中国贫困山村支教的"洋雷锋"

拍完后剪辑出来给学生们看时,大家都震惊了,他们想不到自己真的能拍出电视剧。甚至有学生提出再拍一遍,以弥补当时因敷衍而没有拍好的内容。

卢安克把跟板烈的孩子们在一起当成人生的大乐趣。他带孩子们拍科幻剧、抓泥鳅、设计河坝,甚至花几个小时去犁地,有学生说他"像暖男一样"。很多学生父母长期在外打工,小小年纪就得开始独立生活,自己种菜、做饭、上学……卢安克了解到这种情况后,每到周末,轮流住到不同的学生家,陪他们做饭、聊天、放牛、干农活……学生们说:"他和所有的大人都不一样,他是唯一的,是我们心目中的亲人。"一些学生甚至喊卢安克为"老爸"。卢安克成为他们成长过程中最重要的人。

卢安克发自内心地热爱着板烈这片土地。村庄周边的漫山遍野都留下了他的脚步,一草一木都是他的关注所在。

通过润物细无声的方式,卢安克实践着这样一种教育理念:爱和陪伴,比所谓的教育更重要。让孩子体验生命本身的美好,比"灌输知识"更重要。留守儿童缺乏起码的亲情和爱的陪护。卢安克这个来自万里之外的金发碧眼叔叔,充当起了这帮大山里孩子的"家人"角色。

卢安克在板烈几年的努力,终于让那帮从小散养的孩子,理解了什么是文明,并愿意做出改变。有孩子曾经写出了这样的词句:

"我们都不完美,但我愿为你做出,不可能的改善。"

记者问:"你为谁写的?"

"他!"孩子指向卢安克。

一颗无染的灵魂,终究唤起了更纯真的灵魂。

卢安克在教育上追求极致,对生活的要求却极其简单。常年穿着大码的运动装,由于在当地买不到45码的袜子,经常光着脚穿球鞋。他的那些同行——其他村的小学老师,觉得卢安克是一个怪人。他们问卢安克:"不抽烟、

中国不会忘记

不喝酒、不赌博、不吃肉，也不谈恋爱，那你生活为了什么？"他们说："如果没了这五种享受，一切的生活目的就没有了。"卢安克则说："如果我没有比这五种享受更有意思的追求，我早就没有兴趣活下去了。"

曾经也有人问卢安克："你认为什么样的生活是有价值的？"

"做到别人不能做或不愿意做的事，我就有了价值。"卢安克回答。

"做了这些事后，你自己有什么收获吗？"

"收获蛮多的。发现了很多问题，而且能找到解决的方法。"

"有了结果又会怎样？"

"我就写在书上，发表到我的网页上，让别人知道，别人能利用。"

这就是卢安克，一个本身一无所有也一无所好，却一心为孩子、为大众的"洋雷锋"。

因为对生活要求极低，卢安克平时花不了什么钱。他那远在欧洲的家人，每年支持他500欧元（按当时的汇率结算差不多5000元人民币）生活费。这些生活费，22%用于复印资料寄给别人，40%用于捐款，38%用在学生和他个人身上。

2004年初，卢安克在送哥哥离开板烈回国的回村路上出了车祸。一人当场死亡，卢安克被压在车下。抢救过来后，发现脊柱被压缩了三厘米，直到三年后才完全恢复。

车祸没有让他离开。卢安克觉得："那次车祸，把我的命和这个地方连得更紧密了。我跟这个地方发生的事情就变成了命运，也变成缘分，如果走掉就没有命了。"

当年卢安克为学生们所做的一切，旁人包括他的那些同行都很难理解其中的价值。多年后，有记者问他曾经教过的学生："卢老师有没有对你们的学习产生影响？"这位初中毕业后选择汽修专业作为深造方向的学生，没有一丝

卢安克——活跃在中国贫困山村支教的"洋雷锋"

迟疑，极其坚定地回答：**"有，好奇心、创造力。"**

这正是卢安克最为看重的地方。农村孩子在河边等地方，改造自然环境或制作出自己的东西，这种创新能力是卢安克教育理念的精髓。

不拿一分钱工资，不在学校教职工名单上……卢安克多年如一日，扎根于广西偏僻的小山村支教。从附近任何一个稍微大一点的城市抵达板烈，都需要经过四五个小时以上的山路颠簸。这是一个本地人急着想要逃离的地方，卢安克却像是发现了自己的世外桃源，一待就是好多年。卢安克的故事，终于引来了媒体和互联网的关注。很多人把他当成乡村教育实验的英雄，是感动中国的"洋雷锋"。

2006年，得知被推选为"感动中国人物"，卢安克给评委会去信，提出不要选他："我不想感动中国，只能是中国感动我。"在中国所体验到的风土人情以及在教育过程中面对孩子们纯净、求知、渴望的眼神，让卢安克真正意识到了自己人生的价值所在。他是孩子们的老师，他也从孩子们身上学到了很多世间最宝贵的，在任何书中都学不到的人性的温暖。

也是在这一年的8月，办事处因为主管单位广西外经委职能调整被注销，卢安克在签证到期后暂时回到了德国。

2007年4月，卢安克接受广西共青团的邀请，以志愿者身份回到板烈。

这个时候的卢安克，名声在外。躲记者成为卢安克日常生活的一部分。他说："媒体会把我塑造成名人，我只想做好我的事，我不想出名，做名人只会影响我的工作和生活。"

对外界的刻意回避，招来了人们的猜疑。有人认为他是危险分子，甚至认为他接近乡村孩子动机不纯。为了避免更多的猜疑，也为了让更多人了解自己所做的事，2009年12月，卢安克首次接受中央电视台记者的采访。《面对面：乡村教育志愿者——卢安克》在中央电视台播出后，引起了社会广泛的关注，吸引了更多媒体和民众到访。他们的到来破坏了板烈村过去的宁静，各种来访和舆论让卢安克不堪重负，以至于后来他一度关掉了个人博客。

"两栖"生涯

2010年11月，卢安克的志愿者身份到期，他又一次不得不暂时离开中国。两个月后，卢安克赶在春节之前回到板烈学生的身边，陪伴那些父母不能回家过年的孩子。

2010年，卢安克跟一位认识了八年、跟他一样长期在山区支教的女志愿者结婚了。2011年7月，卢安克的签证即将到期。此时的卢安克，厌倦了以不稳定身份在中国支教，希望加入合适的团队一起做事。朋友向他推荐了"天使支教"。这是一个2003年就受他的教育研究启发，于2006年底正式创立，立足推动乡村教育发展的公益项目。

2011年9月，卢安克正式加入长沙梦创公益文化发展中心（"天使支教"项目执行机构），专职负责志愿者的培训指导及相关教育研究工作。了解到这个机构想编一本指导志愿者服务方面的书，卢安克提出有兴趣来完成这项任务，并从最擅长的农村留守儿童教育开始。

第一稿出来后，卢安克花了一个月的时间到支教学校与志愿者一起检验和完善。之后卢安克向机构提出，希望将剩下的一个多学期时间放在板烈，以便将自己新构思的电视剧剧本跟五年级的学生用剩下的一个学期拍完，这些学生升入六年级就无法参与拍摄了。卢安克担心板烈撤点并校变成教学点，以后没有五年级学生可以配合。卢安克告诉机构，这件事情完成后，自己将安心地在支教机构完成培训志愿者的工作。

支教机构同意了卢安克的想法，将卢安克以工作人员的身份派驻到板烈小学进行教学研究。2011年11月，卢安克回到板烈小学。利用每周一个下午的时间，带领五年级学生拍摄电视剧。他给电视剧起名为《心镜》。

这一次拍摄，卢安克依然组织学生自己制作道具，改剧本，配音乐……

吸取上次拍《和平剑》的教训，不再是全部拍完再剪辑给大家看。而是每拍完一部分，就组织大家一起看自己演的情况。由于能及时看到已拍摄的效果，学生们参与的积极性更高了。他们一起改写剧本、创作音乐。在这个过程中，学生们学会了表达自己的意见，尊重他人的想法。《心镜》拍完，卢安克发现一个神奇的现象，班上的同学之间关系变得非常和谐，甚至感染了隔壁班学生。

这件事情让卢安克深刻认识到，留守儿童需要建立自己的文化归属。他给全班每位同学刻了一张电视剧光碟，希望他们将来长大回看时有另一种感觉。

2012年6月，卢安克完成派驻工作，从广西回到长沙。不久，卢安克对他所就职的公司说："我可能不能在这里工作了。"妻子提出，既然成了家就不能再像以往那样生活，需要考虑承担家庭责任了。卢安克答应了妻子的请求，提出把这期志愿者培训工作做完，等开学了就离开支教机构。

由于这是第一次培训成年志愿者，卢安克提前做了精心的准备。走访各支教学校，了解需求，做培训方案，编培训资料，编印出《乡村支教手册》。

卢安克为这期志愿者安排的培训主题是："**山里的留守儿童，在寻找一个可以依靠的力量，一个经过他们考验的永久的权威，但他们往往找不到。我们要做的就是成为这个权威**"。为了让培训更贴近当地的支教学校生活，卢安克建议志愿者在长沙的基础培训结束后，将培训地点转移到湘西支教学校。卢安克一到支教学校，马上活力满满。他说："**只有到了农村这种环境，才能让我知道该怎么做好培训工作。**"

随着培训结束时间的临近，卢安克表现得越来越焦虑。他清楚地知道离开的时间越来越近，未来可能再也没有机会回到板烈村陪伴当地的孩子们。为了让中国有更多人能关注、支持并参与农村留守儿童的教育，也为让自己的教育研究不被浪费，卢安克决定放弃自己排斥媒体的原则，给中央电视台记者发送邮件，提出愿意再次接受采访。

中国不会忘记

2012年9月,卢安克在板烈小学接受中央电视台第二次专访。采访结束后,卢安克到了杭州,去妻子事先联系好的公司上班。两周后,以公司未能办好就业手续为由离开。

卢安克觉得,是时候去板烈跟学生们做个告别了。

告别板烈之后,因为办理身份的需要,卢安克前往越南。在越南的日子里,卢安克内心始终惦记着板烈的孩子,身体状态也越来越糟。在经历了各种内心挣扎和朋友的劝说下,卢安克最终决定回到中国的农村,继续陪伴那里的孩子。这一决定得到了家人的支持。

2012年11月,当卢安克用钥匙开门走进"天使支教"办公室时,有人问他:"当初离开时没把钥匙交回来,是不是有准备的?"

卢安克回答:"我一直有预感还会回来的,所以就把钥匙留着了。"

卢安克跟支教机构确定了未来的工作方式:每年寒暑假在长沙和项目学校,培训指导"天使支教"的项目老师。其他时间依然以机构工作人员身份,派驻板烈小学,继续之前的教育研究。

2013年3月至6月底,卢安克在板烈小学通过一边参与教学,一边以进行美术、音乐创作的方式陪伴当地的孩子。这次为时一学期的教学实践,显示卢安克已经不太适合参与教学了。上课经常心不在焉,时不时地就"断片",学生们也感受到了他的状态。卢安克认为一个多月的越南经历,对身体的影响还没有恢复,决定等暑期培训结束后回德国休养。

卢安克在回德国之前,做出了一项决定,不再使用"卢安克"这个中文名字,把"卢安克"的使用权转给支教机构,自己则开始使用一个带有广西特色的中文名。支教机构之前曾以"卢安克"的名字注册工作微博,如今主体既已发生改变,他们怕给卢安克带来麻烦,便问卢安克需不需要注销微博,以免被人拿来说事。卢安克不同意,他觉得这个微博对中国的留守儿童有帮助,不应因自己的个人行为而消失。

卢安克 —— 活跃在中国贫困山村支教的"洋雷锋"

2013年冬天，卢安克以请长假的方式回到德国。次年，他的乡村教育研究成果《是什么带来力量——乡村儿童的教育》出版。这本书记录了卢安克作为乡村教师的记录和观察，是他十几年义务支教工作的结晶，荣获当年国家图书馆评比出的"文津图书奖"。

从33岁到45岁，从青年到中年，卢安克将他一生中最好的年华，留在了林广屯，留在了板烈，留给了中国城镇化进程中，那些父母长期不在身边的留守儿童。

告别卢安克

卢安克曾经在他的博客里写过一句话："我不敢向学校要工资，因为我怕学校向我要考试成绩。"中央电视台记者在第一次采访他的时候问他："你不喜欢物质吗？"

卢安克回答：**"不是不喜欢物质，而是我更喜欢自由。"** 这是一个愿意为理想献身的人。

卢安克说，自己能够留在中国从事理想的事业，很大程度上是因为他的父母"从来不认为孩子属于自己"。当年毕业后不想去挣钱，父母担心他没有生存的能力。卢安克便去做了一份装卸货物的工作，每天扛三千个大包。做了两个月，父母说这样太可惜了。他说：**"为了钱做是可惜的，不是工作低级可惜。"** 父亲说："那你可以为别人服务了。"

从上世纪90年代来到中国，卢安克一直想正式定居中国。他没有对这个国家的狂热辞句，只是说："德国一切都完成了，中国才刚刚开始。"但之后的十年，他遭遇了一连串"失败"。最初对志愿者管理不严、不需要教师资格证的时候，他在中学教书，因为想教"好的而不是对的"英文，他教的班级英文成绩全年级最差，只有6个学生及格。家长们将他赶走了。他也不认同这种"让人的心死去"的教育理念，与传统教育一别两欢，从此一头扎进实验教育的小径。卢安克毕生都在学习并实践他所信奉的教育理念，取得了一定成效，也为我们的教育事业提供了宝贵的经验。

当中央电视台记者问他"你一步步这样退到农村……"时，卢安克说："我觉得不是退，是一步步接近我喜欢的地方。"

2016年，在卢安克离开3年之后，有媒体来到板烈村，寻访卢安克支教十年，是否留下了什么"痕迹"。记者发现，无论是进入城市读书的少年，还是喜欢画画生活在村中的女子，无一不深深地刻上了卢氏教育的烙印。**乡亲们说，好奇心和信心，是卢安克留给村里面孩子们的财富。**

卢安克说过，如果一个人为了自己的家，他家人就是他的后代；如果一个人为了自己的学生，学生就是他的后代；如果一个人为了人类的发展，那么人类就是他的后代。

卢安克虽已远去，但卢安克在广西山村播下的种子，却在到处生根发芽，生生不息。

借用中央电视台记者在《告别卢安克》的访谈里的话：

"教育，是人与人之间，
也是自己与自己之间发生的事，
它永不停止，就像一棵树摇动另一棵树，
一朵云触碰另一朵云，
一个灵魂唤醒另一个灵魂，
只要这样的传递和唤醒不停止，
我们就不会告别卢安克。"

从某种意义上来说，我们每一个人，都可以成为"卢安克"。

卢安克 —— 活跃在中国贫困山村支教的"洋雷锋"

音乐欣赏

交响乐《黄河》第一乐章《黄河船夫曲》

傅高义
儒风浸骨的君子学者

1979年1月,华盛顿美国国家美术馆,一场庆祝中美两国正式建交的招待会正在举行。时任中华人民共和国国务院副总理邓小平,应美国总统卡特先生邀请,到美国进行为期九天的正式访问。访美期间,74岁高龄的邓小平参加了80多场活动,被美国媒体形容为"刮起了邓旋风"。

招待会上,邓小平使用扩音器进行现场演讲。在他的不远处,站着一位斯斯文文的美国学者。这位学者就是傅高义。由于音响状况不尽如人意,参加招待会的学者们完全听不清邓小平在说什么,这些难得聚在一起的中国观察家同行们,便攀谈叙旧起来。

傅高义后来在《邓小平时代》一书中回忆,"据接近邓小平的人说,这群叽叽喳喳、心不在焉的人令他懊恼"。

在傅高义的生命里,这是最接近邓小平的一次。当时的他不会想到,21年后,在自己古稀之年开始投入十多年时间,专门研究正在演讲的这位中国领导人,那个时候,他已无缘再见邓小平。

傅高义，美国学者，社会学家，哈佛大学教授，曾任哈佛大学费正清东亚研究中心主任，精通中文与日文。他的主要研究领域包括中国、日本社会研究，东亚政治、经济研究，是美国著名的中国问题专家，当今社会少有的名声溢出学术圈之外的中国学专家。

从日本研究到中国研究

傅高义出生于1930年，犹太后裔。父母是欧洲移民，来到美国后生活得比以前幸福，这让傅高义开始思考其中的原因。从俄亥俄州特拉华市威斯理安大学毕业后，20岁的傅高义立志研究美国的社会福利。

从事研究工作前，傅高义前往部队服役，履行自己作为公民的义务。赶上朝鲜战争爆发，傅高义被分配到一家精神病医院工作。两年的所见所闻，燃起了傅高义对精神疾病研究的兴趣。当他结束兵役，考入哈佛大学，便打算专门研究美国家庭、美国社会和精神疾病的关系。

博士生涯快结束时，出现了一个对他后来从事的学术研究产生至关重要影响的契机。傅高义的导师、哈佛大学人类学家弗洛伦斯·克拉克洪对来自小镇的傅高义说："你从来没有在另一种文化中生活过。未在另一种文化中生活，你如何理解美国社会？在你决定教书之前，应该负笈海外，在一种迥然不同的文化中生活并浸淫其间。"克拉克洪在太平洋战争期间参与过美国战时情报处的工作，对日本人的价值观和民族性多有研究，她建议傅高义前往日本从事田野调查。

1958年，获得哈佛大学社会关系系博士学位的傅高义，带着第一任妻子苏珊娜以及一岁半的儿子，第一次走出国门，来到日本。第一年的主要任务是学习日语，同时开始做田野调查。

在日本，傅高义原本打算重点比较孩子情绪失调的家庭和那些孩子健康的家庭。但他发现，日本的情况与美国的情况别无二致，情绪失调的儿童成

中国不会忘记

了父母关系严重紧张的替罪羊。傅高义还发现，日本虽然经历了几十年的军国主义统治，在二战之后成为战败国，经济萧条，很多家庭的父亲或儿子死于战火，但是日本人能够成功地维持有条不紊的生活，免于绝望与混乱，并在十几年的时间里成功地在经济、社会和心理方面做出了调整。

通过研究，傅高义认为这与日本形成的新中产阶级（特指在大公司和公共机构就职的白领工薪族，迥异于以小农场主和独立商人为主体的"老中产阶级"）有关。傅高义决定转换研究内容，开始对日本 M 町（即真间町，千叶县市川市的一个行政区）的工薪族进行田野调查。1963 年，《日本新中产阶级》一书出版。**傅高义从教育、婚姻、工作、礼仪、价值观、家庭等方面，分析了工薪族为何能够取代老中产阶级，成为战后日本发展的中坚力量。**这本书成为深刻影响美国的日本民族志研究的代表作、理解日本社会的"试金石"，奠定了此后日本文化人类学研究的主流方向。傅高义本人则"成为有关现代日本的最前沿的美国观察家之一"。

1960 年，傅高义结束在日本的研究生涯回到美国，前往耶鲁大学任教。当年 11 月，傅高义回哈佛大学探望朋友。哈佛大学东亚研究中心（由美国中国学研究开山人物费正清创建。费正清去世后，它被命名为费正清东亚研究中心，现在叫费正清中国研究中心）一位教授问他，是否愿意研究中国，傅高义老老实实地回答："没想过。"这位教授告诉他："哈佛大学最近获得一笔基金，想专门培养研究中国的年轻学者，如果学了两三年进展顺利，便可以留在哈佛教书。"

这次偶然的问询，改变了傅高义一生的轨迹。

1949 年以后，中国与美国处于物理隔绝的状态。一方面，中华人民共和国关闭了对美国的大门；另一方面，美国一些政治家寄希望于台湾"反攻大陆"，他们认为不需要花力气来了解新中国。而在麦卡锡主义笼罩下，共产党领导的中国也令人噤若寒蝉。受此影响，很多大学没有扩大东亚研究，美国研究中国的学者寥寥无几。傅高义后来在一本书的序言里写道："**在美国的很多大学里，尽管历史学家、语言学家和文学家都在教授关于中国的课程，但却都对 1949 年之后的中国大陆没有多少了解。**"

到了 50 年代后期，多数美国人开始意识到中华人民共和国将长久存在，而麦卡锡主义也在渐渐消退，一些美国大学开始重视培养中国问题的人才。很多研究中国历史的人，比如费正清等认为，应该扩大对中国的研究。美国一些基金会认同这个看法，愿意出钱支持中国问题研究者。当时的情况是"基本没有美国学者能够讲流利的汉语，也基本没有美国学者能在研究中运用中文或日文文献"。

一些大学决定招收和选拔年轻学者，让这些人利用自己的学术基础专门研究中国。哈佛大学的费正清是这些寻找者之一。痛感"在这个领域严重匮乏高水平人才"的费正清，着意选拔和培养一个训练有素、具备从事中国研究所需要的专业技能的学者群。傅高义说，当时哈佛大学已经有中文、中国历史、中国文化的研究者，但是在政治、社会、经济、法律这些专业上，还没有人做中国的研究。研究过日本又有社会学背景的傅高义，符合费正清等人对未来中国研究者的要求。

1961 年，傅高义来到哈佛大学东亚研究中心从事博士后研究，方向是中文和中国历史。为他上中文课的是赵元任的大女儿赵如兰。"今天回顾起来，虽然我们的规模很小，但在培养人才方面，很有些类似中国 1977 年恢复高考的历史语境。"熟悉中国的傅高义这样告诉记者。

傅高义幸运地进入到这支日后产生巨大影响的中国研究者"先遣队"。他后来不无自豪地说："因为学中文非常难，想学这么难的语言的，当然是优秀的学生。所以，当时无论是国务院的工作人员，还是大学或研究机构的学者，研究中国的人都是美国社会的知识精英。"

这位决心从事中国研究的年轻学者，很快为自己取了一个地道的中文名字。"这个名字是我同中国朋友商量后取的。"傅高义的英文全名是 Ezra Vogel，"Vogel 是个德国姓——虽然我的父亲是来自波兰的犹太人，在德语里这个发音很像中国的'fugao'。"傅高义日后解释，因为英文名字的第一个字母是 E，取其谐音，选了"义"字，"我知道在中文里，'义'也意味着有很高的道德标准，这正是我想追求的"。

当时，中国内地对绝大部分西方学者关闭，还未回归的香港成为各国观察中国事态的主要窗口之一。1963 年，傅高义动身前往香港。赴香港前，傅高义原本希望能做一些中国城市和农村的实际研究，由于资料收集的困难和各种条件所限，详细的地方资料很难收集到，除了广东。"考虑之下，我决定不研究全部中国，而研究广东，因为材料和可以访谈的人都比较多。"

在香港的那一年，傅高义开始系统阅读广州发行的报纸，着手研究广东的社会发展状况。回到美国后，刚好哈佛大学买了《南方日报》从 1949 年到 1964 年的全部报纸，这为傅高义的研究提供了扎实的基础资料。

1964 年，傅高义开始着手写一本关于 1949 年后广东全面发展情况的著作。他和助手老老实实地开始每天读报纸、研究材料，时间持续两年多。多年后在关于邓小平的写作上，傅高义同样用了这样的"笨"办法。他那扎实的史料功夫，就是这样一点一点积累出来的。

1965 年，傅高义开讲中国社会，主要讲 1949 年之后中国大陆的情况。这是哈佛大学首次开设中国社会学课程。当时傅高义的学生有三四十人，其中十几位后来成为美国著名大学的学者，比如杜维明、怀默霆、高棣民等。

1969 年，傅高义在美国出版了中国研究的奠基之作《共产主义下的广州：一个省会的规划和政治（1949-1968 年）》。这是 60 年代末依托官方报刊解读中国政局的早期尝试。傅高义在这本书中详细分析了广州的社会状况，着重探讨了共产党军队解放广东之后，如何建立新的社会秩序，以及共产党带给广东城乡经济、社会、文化、教育等领域深刻而巨大的变化，**以学者的态度，冷静地对一个复杂的社会做出观察和分析**。傅高义在书中展示出他对中文材料的娴熟掌握以及关于现代中国发展的渊博知识。从那时开始，游刃有余地同时驾驭中日两种文化和洞察整个亚洲局势，成为傅高义学术成就的两大特色。几十年后，他仍是美国少数几个能对日本研究如数家珍的中国研究学者之一。

哈佛校园里的"中国先生"

随着《日本新中产阶级》和《共产主义下的广州》的出版，傅高义成为名副其实的东亚研究专家。1973年，费正清从东亚研究中心退休，比他小23岁的傅高义接任中心主任一职。

从1967年起，费正清就有意识地培养傅高义做他的副手。在担任副主任的时候，傅高义已经显示出与费正清不同的领导风格。费正清很少参加冗长的学术讨论，傅高义则不同，"他喜欢参加各种研讨会，听学者们讨论自己的研究成果、互相调侃、互相辩论"。广泛交游更像是傅高义的治学风格，他是第一批重新进入中国内地的西方社会学者，时间是1973年，尼克松访华的第二年。

1975年，傅高义从日本基金会得到一笔资助，携带家眷再次前往日本，采访战后日本商界和金融界的领军人物。

日本从上世纪60年代到70年代经济开始迅速发展，原本处处领先的美国，到了70年代，很多方面已经被日本超越。**这个地狭人稠、资源匮乏的岛国，是如何实现经济腾飞的？傅高义沿用结构社会学的理论，从知识、政府、政治、企业、基础教育、福利和犯罪控制的层面，进行全面分析。**

1979年，傅高义出版了关于日本的第二部著作《日本第一：对美国的启示》，记录了日本完成战后复兴、经济迈向巅峰的图景。**傅高义提出，美国人**

中国不会忘记

应该放弃骄气横溢、老大自尊的包袱，拜日本为师，学习日本模式。 此书刚一出版，就引起了美国和日本朝野的震动。它定义了此后十年西方"向日本学习的风向"，给美国的对日政策调整提供了依据，成为傅高义在西方世界影响力最大的作品之一。这本书在日本受到空前欢迎，是日本非小说类翻译作品有史以来最为畅销的著作，销量超过70万册。它也是傅高义学术生涯的重要转折点，标志着傅高义的研究从单纯的社会学领域转向东亚地区的国别研究，把视野扩展到包括韩国、新加坡、中国香港和台湾等地的亚洲"四小龙"，并越来越多地接触各国政要和经济领袖，在政策舞台上为更多人熟知。

当时的广东，作为中国改革开放的最前沿，迫切希望引进外资，但此时外界对中国尚没有太多了解，外资不敢贸然进入。省里的领导觉得，如果傅高义能够前来广州做研究，将研究成果写成一本书，对广东一定有好处。他们希望借助傅高义的妙笔，向美国人宣传中国的改革开放进程，宣传广东。

傅高义接受了邀请，条件是自己承担费用，目的是保持研究的独立性。1987年，傅高义前往广州。他系统地研究了广东的经济发展与改革历程。在近7个月的时间里，走访了全省14个地级市和深圳、珠海、汕头三个经济特区，一百多个县中的七十多个。傅高义说一口流利的普通话，他的第二任妻子艾秀慈则说一口流利的粤语，这是一个很好的组合。他们可以跟不同行业、来自不同地方的人无障碍交流。"没有第二个外国人得到过这么一个机会，可以从广东的内部来考察这个省份，因此我感到更有责任来记录这个省的很多细节，力求把广东的发展实情，提供给西方的学术群体。"

两年后，《先行一步：改革中的广东》出版。这是外国学者全面研究和报道中国改革的第一本专著，对广东改革开放的动因、性质、过程及前景进行了颇为全面系统的研究，与20年前的那本《共产主义下的广州》前后相续，正好构成了一部完整的广东当代史。它对美国人了解中国早期的改革开放，起到了非常重要的作用，对于化解当时美国乃至整个西方世界对中国的敌视态度也颇有作用。这本书的撰写，为傅高义后来写作《邓小平时代》奠定了重要的人脉和资料基础。

20世纪80年代初，哈佛大学提出希望资历老些的教授也要上公开课。傅高义觉得，不应该只讲日本、中国这两个国家，应该把课题延展到后期产业发展的国家和地区，他开了一门叫"东亚产业社会"的课，谈后期发展的产业社会特点。上课之余，傅高义到这些地区实地考察。1991年，《亚洲四小龙：东亚工业化的扩展》一书出版。"亚洲四小龙"的说法虽然形成于上世纪70年代后期，在傅高义使用之后，这一概念才成为讨论新兴国家和地区经济发展政策的典范用语。

1993年，哈佛大学教授、以提出"软实力"一词闻名的政治学者约瑟夫·奈受克林顿政府之邀，出任国家情报委员会主席一职。约瑟夫·奈邀请好朋友傅高义一同到华盛顿工作，出任东亚情报官一职。傅高义认为，这一工作使得他比其他人更了解邓小平。当时的驻华大使芮效俭的报告他们也能看，傅高义后来与在政府工作的那些人保持了来往。这些都为撰写《邓小平时代》提供了帮助。

1995年夏天，傅高义再度担任哈佛大学费正清东亚研究中心主任。这时他已是美国最为知名的亚洲问题专家之一。

重掌东亚研究中心主任一职的傅高义，决心改变中心以往只关注学术，而对与国家、政治、商业方面的领袖人物合作缺乏兴趣的传统。在他看来，哈佛作为世界级名校，在教育公众方面责任重大。傅高义努力拓展与这些人物的关系。在傅高义的领导下，费正清东亚研究中心"差不多成了美国政府亚洲事务部门在波士顿的分部"，每周都有高层人士到访。在这段时间里，傅高义启动了很多有关当代国际关系问题的新项目。

在此期间，最为重要的一件事，莫过于1997年江泽民访美期间的哈佛访问。江泽民访问后，哈佛大学与中国教育部达成了一系列合作协议，为哈佛大学与中国高层的互动打开了一个良好的开端。2003年温家宝访美，再次访问哈佛。费正清东亚研究中心直接参与支持了两次高端访问，追根溯源，都与傅高义的努力有关。

此时的傅高义，已成为美国少有的同时精通中日两国语言和事务的学者，是美国学术界唯一对中国和日本都具有影响力的亚洲问题专家，直接影响美国的亚洲政策。人们称他为"中国通""日本通"，在哈佛校园里有着"中国先生"的雅称。虽然中国和日本都是他的研究对象，但他对前者的兴趣和投入远远超过后者。**傅高义研究中国，不是从美国的经验模式出发，而是从中国自身的环境和条件出发。**他经常说，**治理中国这么大的一个国家不容易，因此他特别注重研究中国如何根据自身的条件和需要设计中国的制度，制定发展战略，始终以一种相对客观的态度看待中国的治理与发展。**

写作《邓小平时代》

2000年，傅高义从哈佛大学退休。在韩国的济州岛，傅高义问他的一位朋友，如果要帮助美国人理解亚洲的未来发展，应该做点什么？朋友告诉他，那就应该认真地研究中国，研究邓小平。亚洲的重点在中国，而对中国现代化进程影响最大的，是邓小平——中国的现代化进程，源于他领导的改革开放。

进入21世纪，中国在国际上的影响力越来越大，西方也越来越关注中国。"要了解亚洲，就得了解中国，要了解当代中国，就得了解邓小平。""帮助西方人了解中国，邓小平是关键。"傅高义下定决心，要不辞辛苦，写一本关于邓小平的书。把真实的中国介绍给美国民众，提高他们对东亚的理解。帮助外部世界的人们了解中国的改革时代，了解时代中的中国。

为了写作《邓小平时代》，傅高义开始强化汉语学习。尽管他的中文在很多中国学者看来已经不错了。在同辈西方政治学者中，傅高义的中文水平几乎是最高的。但为了在写作过程中能够直接用中文访谈，收集一手资料，傅高义觉得自己的中文还需要加强。那段时间，每周二、四下午，七十高龄的傅高义跟着一位来自中国华南师范大学的女老师雷打不动地学习中文。

写作之初，傅高义翻阅了不少别人写的关于邓小平的书。他感到，历史事件容易梳理，而要了解邓小平的想法却最为困难，因为邓小平没有留下日记，一切只能依靠间接的材料与采访。《邓小平年谱》的出版，曾给傅高义的写作带来不少方便，但也仅限于帮助他了解到邓小平在某个时间做了什么事情。至于邓小平为什么那么做，当时的考虑是什么，却不容易搞清楚。

傅高义属于传统学者，不喜欢"玩"花花绿绿的理论与概念，也十分反感过于琐碎的研究。**他所秉持的研究方法，有些类似于中国古人所说的"知人论世"，从经济、政治、历史、文化，甚至山川地理等各个方面入手，逐步靠近与了解所研究的对象。这是他所强调的"全面的眼光""对历史背景与时代氛围的充分了解"。**正因如此，傅高义的写作不过分依赖纸上的材料，而是倚重实地采访与面对面的交谈。他的写作充满了艰辛，因为他必须满世界寻找那些可以为写作提供帮助的交谈者，另一方面，这也使他的写作携带了很多新鲜的信息。**他对中国的研究绝不是那种纯学术、学究式的，他总是通过调研、交流来反映中国正在发生的变化。**他仔细观察了中国几十年的改革开放，再把这个历程从他的角度展现出来。深入研究、平等交流，是他给中国学者留下的最深刻的印象。

从 2000 年开始，傅高义频频奔波于中国大地。他去过邓小平留下足迹的很多地方，包括四川广安、江西瑞金、太行山，还多次奔赴重庆等地，那里是邓小平任西南局第一书记时的办公场所。每到一个地方，傅高义都尽量去参观那里的历史博物馆，从中找寻过往年代的气息。他通过种种渠道，与熟悉历史情况的人交谈，这些人包括邓小平的家人、同事和党史专家等。傅高义见过支持、反对和批评邓小平的人，听取他们的看法。有时候，交谈者言说各异，这正是让傅高义着迷的地方。他兼听并蓄，慢慢寻找产生差异的原因。

中国不会忘记

也有受访者向傅高义提供了一些未必能在文字材料中获得的见解和细节。傅高义前前后后花了大约12个月的时间，在中国采访了各种人。最终在《邓小平时代》里列出的受访者名单，总数超过300人。有人问傅高义，你怎么能够访问到那么多人。傅高义套用中国人的话回答说，他擅长"拉关系"。

2011年，傅高义的心血之作《邓小平时代》由哈佛大学出版社出版，引起极大关注，被视为西方客观介绍改革开放以来当代中国的重要著作。西方的很多重要报刊，比如美国的《纽约时报》《华盛顿邮报》、英国的《经济》杂志，都对《邓小平时代》给予了很高的评价，认为它是"了解当代中国的必备著作"。《纽约时报》评价它为"迄今为止中国惊人而坎坷的经济改革之路的最全面的记录"。

傅高义认为，"邓小平时代"是一个新的时代。鸦片战争以后，中国并没有真正地强大起来，老百姓没有富起来。传统上中国不算是全球化国家，只是亚洲的中心，与美国、非洲的联系都不密切。但是1978年以后不同了，中国参与到全世界的经济交流。1978年和美国关系正常化，这一年邓小平访日也非常成功，中国和世界联系起来了。邓小平开始大胆地走新的路，改变了一个当时还承受着"大跃进"与"文革"后果的国家的前进方向。

20世纪有谁对全世界影响最大？傅高义认为是邓小平。因为他领导人口占世界将近四分之一的国家，从一个落后、封闭而又僵化的社会主义国家，变成一个拥有现代化经济，与世界关系密切的全球大国。在改善这么多人生活水平方面，20世纪没有任何其他领导人比邓小平做得更多。改革开放后的中国，只用了32年时间，就超越日本、德国，成为世界第二大经济体，这种发展速度举世罕见。

如果缺少一个强有力的，能够将国家团结起来，并为它提供战略方向的领导人，中国在1978年所具备的有利条件不足以将巨大而混乱的国度转变为现代国家。与袁世凯、孙中山、蒋介石和毛泽东相比，邓小平做了更好的准备，他完成了近两百年来,其他人试图实现而没有实现的使命,那就是为国家和人民找到一条强国富民之路。在完成这个目标的过程当中,邓小平引领了中国的根本转型,不论在与世界的关系方面还是在本身的治理结构和社会方面,邓小平领导下的这种结构性的转变,成为两千多年前汉帝国形成以来中国最根本的变化。

一个拥有十几亿人口的大国,坚定地搞改革开放,没有前路可循,一切只能摸着石头过河,一边实验一边推进,这是需要胆略的。中国面对的是一项苛刻的、史无前例的任务,在此之前,还没有哪个共产党国家成功完成了经济体制改革,走上持续发展的道路。傅高义认为,美国学者对中国启动的这场改革、对于启动这场改革的领导者,认识有些不足。这是傅高义写作《邓小平时代》的缘由。他想告诉美国读者:需要重新认识邓小平,重新认识中国。

有记者问:"对于这本《邓小平时代》,您心中的第一读者是什么人?"傅高义回答:"我心中的第一读者,是那些受过一般教育的美国普通老百姓。我出生在美国中西部的一个小镇,当时跟我一起念书的小镇上的同学,后来大多并没有成为专家,也没有成为知识分子。但是我从来没有忘记他们,我希望他们能有兴趣来阅读我的书,并且喜欢它。因此,我不大使用过于专业的术语,也不想把一件简单的事情说得太复杂,因为我必须保证如我小镇同学一样的读者能够读懂这本书。我曾经把《邓小平时代》拿给我的那些同学看,他们读了以后告诉我'你写得太精彩了!'这样的反馈令我感到非常幸福。我自信比其他的大学教授更为了解美国社会的底层,如果他们不乐意为这些底层人士写一点东西,我非常乐意。"

2012年3月,《邓小平时代》一书获得加拿大多伦多大学莱昂内尔·盖尔伯奖。这是一个专门授予以英语写作外国事务的非虚构著作的奖项。傅高义的竞争者包括因《论中国》而入围的基辛格。

中国不会忘记

2013年初,《邓小平时代》中文版由北京生活·读书·新知三联书店出版,不到一年时间销售了50万册。众多中国读者迫切希望自己能在一位美国人的著作里,找到改革开放总设计师邓小平是如何带领中国人民走上现代化道路,并最终实现了让全世界都瞠目结舌的中国发展图景的答案。

傅高义将60万元人民币的版税全部捐给了母校威斯利安大学。有人好奇地问他,为什么不捐给哈佛?老先生直言:"哦,他们不缺钱。"

这是一本写给美国人看的书,却让傅高义在中国声名鹊起。傅高义认为,这本书能引起中国人的兴趣,可能有两个原因。第一,为了写这本书,他见了很多外国人,其中很多是中国人不容易见的外国人。他们对邓小平的经历和看法可能带来一些新的信息。第二,中国有一个说法:旁观者清。傅高义认为自己不一定"清",但作为外国人可能有一些不同的看法,一些不同的解释,这是身在中国的人们感兴趣的。

读着《邓小平时代》,中国读者有一种感觉:傅高义"中国通""中国先生"的称号实至名归,他对中国人的心理特征与处世方式,对中国的政治、文化、风俗、民情,显得如此富有心得。

儒风浸骨的君子学者

2014年,第四届世界汉学大会在北京举行。傅高义作为最先发言的专家之一,登上演讲台。他几乎脱却讲稿,用流利的中文侃侃而谈。有参会的记者表示,近距离观察这位风度翩翩的演讲者,从他谦虚而又略带锋芒的讲词中,热情而又显得低调的笑容里,让人感觉到远涉重洋而来的傅高义,哪里像一个美国人,分明就是一个深谙东方文化精髓的"中国人",他对中国人的思维方式,对中国的风俗人情,都显得心领神会,游刃有余。

《邓小平时代》出版后,傅高义已经八十多岁,但他没有停下脚步。**几年前,**

他在媒体上提醒中国要以日本为戒，警惕极端民族主义的泛滥。作为日本研究专家，他深刻地知道不加控制的民族主义情绪，会将国家引入何等的灾难深渊。这是一个对中国有着深入了解和善意的老人的肺腑之言。有感于中日之间因历史问题、钓鱼岛问题剑拔弩张，美国某些政客叫嚣中国崛起是东亚乃至全球的威胁，傅高义写作了《中国和日本：1500年的交流史》。这本出版于2019年的书，**全面回顾了双方自公元六世纪以来的交往和互动，从历史中寻找中日复杂关系的根源，以图增进两国之间的相互了解。**

特朗普任职美国总统后，持续近两年的贸易争端让中美关系受到重创。2019年7月初，傅高义作为五位执笔人之一，起草了《中国不是敌人》联名信，在《华盛顿邮报》发表，呼吁特朗普政府调整对华政策。一个月后，这封信的签署人已经超过200名。直至疫情前，傅高义仍坚持每星期在哈佛组织一次关于中国的系列讲座，帮助美国人更好地了解中国。

"中国发展这么快，我没有想到，恐怕没有一个外国人能想得到。"2019年10月，傅高义接受新华社记者专访时，连说了几个"没想到"。

最近几年，傅高义已经有了新的写作计划，然而，时间不在傅高义这边了。2020年12月20日，傅高义在美国一家医院因术后并发症去世，享年90岁。

他的去世，对哈佛和世界各地的亚洲研究来说是一个巨大的损失。他的同事和朋友，中国政界、学界诸多机构和个人以不同的方式对傅高义的离世表示悼念。

现任费正清中国研究中心主任宋怡明说，老主任既有"高度"又有"温度"。**"他是一位彬彬有礼的学者，礼貌、平等地对待每一个人，无论对方资历或地位的高低。"**

在中国外交部例行记者会上，发言人汪文斌称傅高义"是中国人民的老朋友""我们将铭记他为推动中美关系发展所做的贡献"。

中国不会忘记

中国驻美大使崔天凯在社交媒体上接连发文章深切缅怀傅高义："他一生致力于增进中美两国人民之间的相互了解，为两国人民的友谊和中美关系做出了重大贡献。他对中国的智慧和见解不仅对研究该领域的人有不可估量的价值，对整个世界来说也是如此。"

和他有过个人交往的同事、朋友忆及傅高义，往往谈到他的风趣、幽默和乐于助人。采访过他的华文记者有一个共识，傅老温文尔雅，给人一种传统中国文人的错觉，是一个把儒者风范浸淫到骨子里的美国学者。

几乎所有的中国学者，都提到了傅高义的人情味。

傅高义喜欢与朋友、家人和同事保持联系，他珍视长期的友谊，定期回家乡参加高中和大学同学的聚会。他与哈佛大学的研究生和年轻学者联系紧密，并定期在他家里聚会、研究、学习。

哈佛的学生社团有时请他去做讲座。对于来自学生社团的邀请，他几乎有求必应。虽然以他的阅历和积累，这样的演讲不用做很多预先的准备，但他还是要花费时间和精力。有的社团有一些活动经费，会主动提出给讲者一些讲课酬金，以示谢意。对此傅高义从来都是拒绝的，并且想当然地认为，其他人也都跟他一样。他有一次很惊讶、很不解、很生气地对他的中国学生说："听说有的教授给学生做讲座还收钱？怎么能收学生的钱呢？学生社团能有什么钱呢？！"在他的意识里，服务于学生完完全全是一个教授的份内之事。他始终保留了对于校园净土的虔敬之心。

他是同行眼中的"君子学者"。跟他打过交道的学者说，傅高义非常虚怀若谷。跟人谈话的时候，如果发现能激发他灵感的言辞，便掏出小本子说："Good idea！Let me write it down！"他真正做到了"活到老、学到老"，从不以权威的身份自居，有时候姿态放得比对方还低。去世前，傅高义计划着要给美国新政府提交备忘录，思考如何改善中美关系。他不希望中美关系、日美关系、中日关系恶化，这是他悲天悯人的现实关怀，他一直以"出世"的心态去做"入世"的研究。

傅高义在评论美国的公众舆论对华态度时曾指出:"对于我们在历史上打交道不多的国家,美国公众是特别容易走极端的,非常容易从一个极端跳向另外一个极端。这在对华关系中体现得特别明显。"

傅高义先生以一己一生的努力,纠正这种偏离。正如他在毕十年之功写出的《邓小平时代》中所说的:"我深知,如果中国人和西方人能处理好他们之间的关系,世界的未来会变得更好,而这又要求双方达成更深的理解。"

傅高义先生博学、睿智、通达、包容。他的跨文化能力,包括语言能力,都非常人所及。他有18世纪欧洲启蒙思想家的品格特征,那是人类精神的某种遗传,他也有一种中国的"古君子之风":谦虚、好学、乐于帮扶、善待友人。

音乐欣赏

交响乐《黄河》第二乐章《黄河颂》

远山正瑛
在中国沙漠植树的日本老人

2021年春天,植树节刚过去没几天,生活在北方的人们还没有完全从新冠肺炎的阴影中走出来,便遭受了更大的生活困扰:

气象卫星监测显示,近十年来影响我国最强的一次沙尘天气来袭:3月15日8时,我国可视的沙尘区面积达到46.6万平方公里,北京、河北、甘肃等12个省区市受到影响,部分地区出现了能见度不足500米的强沙尘暴。

这样的天气状况,生活在北京的人们,已经多年未遇了。

20世纪90年代至21世纪前十年,由于内蒙古生态破坏严重,每年春天北京基本都会出现沙尘暴天气。近十年来,随着我国荒漠化防治工作力度的加大,沙尘暴渐渐消失了,最近的一次出现在2015年。2021年,沙尘暴再度光临京城,且强度为近些年来最强。雾霾连上沙尘,这个春天,北京已经多日不见好天了。

遇到这样的恶劣天气,人们越发怀念一位老人,一位外国老人。这位远道而来的治沙专家,曾在内蒙古沙漠种了14年的树,为我国的沙漠化防治工作立下了汗马功劳。他就是日本老人远山正瑛。

半个世纪的挂念

1907年,远山正瑛出生于日本山梨县。从小受汉学熏陶,跟着祖父习读"四书"。从京都大学农学系博士毕业后,留校任教。1935年,受日本外务省派遣,远山先生前往中国北平(今北京)留学,在北平农业高等学校研究农耕文化和植物生态。

这是一所非常重视实践的学校。每到假期,会组织学生到外地考察。远山和同学们一起,在老师的带队指导下,先后到过河北、山东、河南、山西、宁夏、内蒙古等地。这些实地考察活动给远山留下了深刻的印象。他惊叹于中国的广博,惊叹于这个以农业文明著称的国家的农民,惊讶于它的落后和封闭,也惊讶于他们的勤劳和精巧。他接触到了底层农民,感觉到他们的淳朴,也发现了他们的保守。沿着黄河考察的时候,面对库布其(中国第七大沙漠)的茫茫沙海,远山萌发了治理沙漠的宏愿。他的中国老师说过:"既然选择了农业就不要再想生活在城市,农业需要实验室,但更需要下到田边,下到山村,到偏远地区。学农业就是给农民找粮食,为他们想办法。"远山和同学一起在库布其买了一块沙地,师生们雄心勃勃地准备将它作为开发西北的实验田。

回忆起那段日子,远山对中国农学老师充满敬意,认为他们都是饱学之士,也是致力于民生农业的非常有眼光的爱国爱民人士。

日本的侵华战争打破了远山的计划。1937年"卢沟桥事变"爆发,远山正瑛不得不返回日本。在回日本的货轮上,远山挥着手,跪在甲板上,对老师呼喊着说:"我一定会再来!我一定会再来!"

回国后,从1942年起,远山担任日本鸟取高等农业学校园艺学教授,逢人便自称是一个农民。他认为写在大地上、农田里的文章才有价值,崇尚实践,尊重实干。

中国不会忘记

鸟取拥有日本最大的沙丘地，面积达 24 万公顷。远山决定治理这片沙漠，将沙丘变成良田。有人说他是"要太阳从西边出来"。风言风语没有动摇远山的决心。在他的治理下，沙丘地变成了良田，种植出了鲜花、瓜果和蔬菜。只留有约一平方公里原貌，这是应政府要求为保护地貌的多样性才留下来的，用以作为教育基地时刻提醒人们珍惜绿色森林。

至今鸟取的农民仍是日本农民中比较富裕的，他们非常感谢远山。接连两代日本天皇偕夫人到鸟取看望远山，为他颁发"功勋奖"。日本前首相中曾根康弘为远山颁发了特别奖状，这在日本是极为少见的最高荣誉。

此时的远山，功成名就，已是鸟取大学农学系教授的他，成为日本的"沙漠之父"，家喻户晓。

但远山始终无法忘记年轻时候的梦想，更无法释怀日本当年对中国的伤害。他真诚地感谢中国老师和同学的再生之恩，念念不忘。远山先生说："搞农业，还得向中国老师学习，他们知道得太多太多了。中国的农业科技太丰富了。我虽然当时已经是农学博士，但实际知识太少。去中国的短短两年，我对农业的认识发生了很大的变化，特别是老师告诉我们，学农科专业，首先要成为一个民生主义者，否则为什么学农业，为谁学农业？以前没有想过。这是从中国老师的谆谆教诲中听到的，他影响我直到如今。"

从 20 世纪 40 年代到 60 年代，远山一直找不到重回中国的机会。1972 年中日恢复邦交前夕，日本代表团第一次来中国。毛主席和周总理接见了日本客人。谈话期间，博览世界报刊的毛泽东突然对日本代表团团长说："你们日本有个远山正瑛先生，是个治沙专家，我们愿意邀请先生来帮我们治沙。"

消息传到日本，远山受到了莫大的鼓舞。尽管是非正式的邀请，几年之后毛泽东逝世，远山并没有机会见到毛泽东，但在远山先生的心里，一个伟大的历史邀请已经发出。

他忘不了中国大片需要治理的荒漠。大西北的漫天黄沙里，有他年轻时候未完成的梦想。他更忘不了日军在中国犯下的暴行。虽然彼时已经是20世纪70年代，侵华战争已经结束快30年。他要回到中国，既是为了圆梦，也是为了替他的同胞赎罪。

这一年，也是远山先生的退休之年。他是著名的农学家，联合国粮食组织曾邀请他；他是世界著名的治沙专家，有关组织邀请他作以色列治沙顾问。他有很多选择，但他毅然选择开始研究中国的治沙事业。刚刚退休的远山先生，找了一大堆关于中国沙漠的研究资料。他废寝忘食，把全部精力扑到了这些资料上，终日琢磨着什么样的方案，才能最有效地治理中国西北的荒漠。

纸上得来终觉浅，时隔几十年了，必须亲自考察才能得知当地的实际情况。但是远山先生很为难，当时中国的各种政治运动还没有结束，自己作为一个日本人，冒然跑到中国去考察，被当成间谍抓起来怎么办？庆幸的是，几年之后，中国的局面发生了翻天覆地的改变。

1979年，远山参加了中国西域学术调查团，沿着丝绸之路考察沙漠。短短几十年，中国的沙漠非但没有得到良好的治理，反而由于滥砍乱伐，荒漠化更加严重。远山觉得不能等下去了，要马上和当地政府取得联系，一起商议怎样改善当前的局面。

1980年，来华访问的远山先生，本着"绿化沙漠是世界和平之道"的崇高精神，与中国科学院签署了合作意向。回国后，远山成立了日本沙漠绿化实践协会，自任会长，开始向中国派遣中国沙漠开发日本协力队，在甘肃、宁夏等沙漠化严重的黄河流域研究沙漠绿化工作。他向中国当时的领导人讲述改造利用沙漠的计划，说改造成功后，塔克拉玛干这样的大沙漠可以养活三亿人口。

兜兜转转的中国治沙路

在1990年找到最后的落脚地内蒙古恩格贝之前，远山先生已八次来到中

中国不会忘记

国治沙。

中国有着960多万平方公里的国土面积，却也是世界上荒漠化面积最大、危害最严重的国家之一，总面积达262万平方公里，主要集中在西北地区。从20世纪七八十年代开始，我国启动了治沙工程，到20世纪90年代，荒漠化仍旧以每年2460平方公里的速度向外扩散，相当于每年损失一个中等大的县的土地面积。

1979年到1984年，远山先生先后四次考察中国沙漠，穿行于我国的西北地区。他自任中国沙漠开发日本协力队队长，于1984年8月到中科院兰州沙漠研究所参观访问，寻求合作。他认为位于腾格里沙漠边缘的沙坡头的气温和水文条件适合种植葡萄，打算从日本带来葡萄母本与中国葡萄嫁接。

1986年5月，远山先生与沙漠所合作，双方各出资十万元，开发葡萄园20亩。他还从日本带来了一整车皮1300件沙地用农具——锄头、铲子、推车、剪树的剪子、推土机，一辆野外考察车，捐赠给沙漠研究所。

远山先生之所以选择栽种葡萄来治沙，是因为葡萄的蔓藤十分繁茂，就像一床绿色的大被子。覆盖之处，流沙不流，而叶子、果子落地后逐渐形成有机质层，土壤开始出现，绿芽开始萌生，从而达到治沙目的。葡萄作为经济作物，还可增加收入，有利于发动群众栽种葡萄共同治沙。远山和中国的研究者一起，在20亩沙漠土地上，挖下一个个约一平方米大的深坑，填入动物粪便和土，种上葡萄。他的一句话令大家听了十分感动：**"如果黄河边都长满了植被，黄河水就一定能变清。"** 远山先生是怀着这样的梦想，带着他的葡萄苗来的。

这次实验取得了成功，沙漠里的葡萄分外甘甜，但20亩的试验规模远远不能令远山先生满意。

1987年，远山先生认真研究了日本和美国田纳西州大峡谷种植葛藤保护水土的成果，萌生了"献给黄河一件绿装"的"葛藤情结"。他在日本发动了一个不大不小的收集葛藤种子的活动,广泛宣传动员,得到了很多人的支持。几乎每天都有人把葛藤的种子送来或寄来。这件事令远山先生颇为感动,也使他第一次认识到百姓当中对于环保事业,对于中国的友谊之情,蕴藏着极大的潜力。

甘肃当地的领导曾向他说明,中国有若干乡土种葛藤,比起从外地引种的葛藤有更强的适应性,但远山先生想通过种一种生命力很强的豆科藤本植物为黄河、黄土高原披上绿装。当地约请了兰州最有经验的林业工程师配合远山先生施展意愿。实践证明,来自日本的葛藤多数品种抗逆性差,难以推广。

这次挫折没有影响远山先生治理中国黄沙的激情。远山先生认为中国东西部人口分布不平衡,西部人口过于稀少,除了历史原因,主要是由于近年来荒漠化造成了沙进人退。唯一能阻止沙漠蔓延的是栽种植物,形成防护植物带。

最初的几年,远山先生把主要精力放在与兰州沙漠研究所工作人员一起研究治沙工程上。在与中国的研究人员交流多年后,远山先生感觉,仅仅搞理论研究完全是纸上谈兵,沙漠并不会因为没完没了的考察和讨论而得到治理。多年后他在接受记者采访时透露那段时间的心路历程:**"中国的沙漠治理专著不少,实干的人却不多。要治理好沙漠必须身体力行去做,才能种出更多的树、更多的植被。"** 1990年起,他与王明海——一位与远山先生一样执着、勇于献身的创业者,一起奋斗了14年,在库布其沙漠建立了一片绿洲。

1989年春,鄂尔多斯集团副总裁王明海来到内蒙古恩格贝草原,买下了30万亩荒滩,打算在这里种上草放养山羊,为企业寻找充足的生产原料——有着"软黄金"之称的羊绒。土地的价格非常便宜,开发起来才发现投入是个无底洞。恩格贝地处鄂尔多斯市库布其沙漠腹地达拉特旗段,离包头60公里。在这里播下草籽,栽下树苗,没两天就被风沙呼呼吹走了。再栽,再吹,又再栽!这是人与自然的战斗。在这种较量中,人类的力量分外渺小。600多万元,就这样一点点投入了恩格贝，产出的效益只是黄沙中初见点点嫩绿。

这场人与自然的斗争，让王明海意识到有比养羊更重要的事情，那就是治理沙漠。他带领一批志愿者在恩格贝开始了沙漠治理工程，自称为"治沙部落"。

企业忍受不了这项收益缓慢、投入无限的事业，打算撤出恩格贝。这一想法对王明海是个不小的打击！

鄂尔多斯曾经河湖遍布，草木茂盛，野兽繁衍。

那棵高达25米、胸径1.34米的神树"油松王"，是这里曾有过原始森林的明证。

人类无知的滥垦，才造成了它如今的贫瘠、干旱和荒凉。从上世纪50年代到70年代，恩格贝有上百户牧民被风沙迫迁他乡。王明海进驻恩格贝时，看到的是仅有四户人家的破屋还半掩在黄沙里！

王明海认为，祖先欠下大自然的账，应该由作为后人的我们来偿还。

王明海不甘心撤出恩格贝。

肩挑企业管理的沉重担子，王明海像一个工作狂，没日没夜，没有节假日。他负责领导治理的这一片沙漠，更让他揪心。在这关键时刻，王明海被疾病击倒了：大面积心肌梗塞。他躺在伊克昭盟医院的病床上。五天五夜，昏迷不醒。

当王明海睁开眼睛时，只见眼前静静地站着一位身穿厚厚的棉大衣、严寒使他的鼻子通红、吸溜着鼻涕的老人。这位老人是远山正瑛，一位从日本来到中国自告奋勇帮他治沙的专家。老人说："得知你病了，我是专程从日本赶回来看你的！"老人紧紧握着王明海的手，一股暖流从手上流进王明海的心里！

病好之后的王明海做出了一个让所有人瞠目结舌的决定：辞去待遇丰厚的集团副总裁职务，承包恩格贝，一心一意治沙。

1990年，年届83岁的远山先生应当时内蒙古自治区政府主席布赫之邀，到内蒙古的恩格贝考察。见到王明海带领的一百多人奋力在此治沙，远山先生决定在恩格贝留下来，出任恩格贝沙漠开发示范区总指导。

来恩格贝的第二年，远山先生宣布："我哪儿也不去了，我就在恩格贝了，成为这里的公民。"他和王明海约定：今生今世，不治住沙，就不离开恩格贝。

他再造了恩格贝，恩格贝也成就了他

恩格贝，蒙古语意为平安吉祥。这片曾经的富庶之地，因植被破坏导致沙化，植物几乎已经彻底死亡，成为黄沙肆虐的荒漠地带，年均降水量灌不满两瓶矿泉水。许多专家认为在恩格贝治沙根本不可能，这片沙漠已经无可救药，再也不可能恢复植被。漫天的黄沙疯狂地以每年一万亩的速度向内地紧逼，吞噬着人类赖以生存的土地，被世人称为"地球癌症"。

远山先生没有因此退缩。他和当地的志愿者一起，选定了乔木，然后像愚公一样开始了种树事业。远山先生之所以选择恩格贝作为最后的归宿——是因为这里有志同道合的中国创业者，这里有年轻时候的回忆，这里还有被侵略的伤痕。就在离恩格贝不远的地方，当年日本侵略者所留下的罪行依稀可见：黄沙里，随处可见根根白骨，人们称那里为"死人塔"。那是1942年，国民党傅作义部队中了日军埋伏，中国军人被残酷杀戮之后留下的残骸。

对那场罪恶的侵华战争，远山先生感到痛心，他说："作为日本对过去侵略中国的一种补偿，也应该支持中国人民建设家园。"2003年，他更是在一次获奖致辞中公开呼吁："日本自卫队应该放下枪炮拿起铁锹，去中国的沙漠种树！"

黄沙虽未掩住战争的残墟，和平的绿树却已在就近发芽！远山先生坚信，绿化沙漠是通向和平之路。

沙漠面积实在太大了，购买草籽和树苗需要钱，远山先生跑回日本做演讲，号召日本人民给恩格贝捐款、捐草籽。他还倡导日本的年轻人来中国当志愿者，

为中日种下"友谊之树"。

为了筹集植树工具等所需资金，远山先生变卖了鸟取老家多处祖传家产，领着王明海在日本四处讲演。

他一次又一次在日本的电视里、广播中、集会上给民众演讲："造成沙漠化的是人类，可沙漠化后人类什么也没做。人类造成的错误，经过努力是可以挽回的。""中国是日本的老师，可日本这个学生'回报'老师一直用枪炮。今天，日本人应该帮助中国做点事。荒漠化是中国的大问题，我们不妨从这里入手。""沙漠有很多资源，石油、铁矿、煤炭，还可以种沙地植物，中国把沙漠开发了，可以养活10亿人。"

他在保护地球生态方面先知先觉，激情饱满地干了一生。在日本的一次次演讲中，远山大声疾呼："现在地球病了，需要有人拯救，我要到中国去，要去建设恩格贝！"他向日本民众发誓，恩格贝不变绿，他就从高楼上跳下去。

在日本影响最大的大众传媒NHK的电视演播厅，远山声泪俱下地向他的同胞讲述绿化黄河两岸的意义，呼吁日本人关心中国的治沙事业。

许多日本人被远山先生的精神打动，纷纷捐款采购草籽。

远山先生以豪迈的气概，发起了恩格贝"百万株植树工程"活动，向日本同胞发出"每人每周省下一顿饭"的号召，支援恩格贝。七千多名志愿者受到他的感召，自愿自费参加"中国沙漠日本绿化协力队"，来到中国绿化沙漠，其中包括日本前大藏大臣武村正义。

设备和人手有了，真正的治沙挑战才刚刚开始。

沙漠气候条件恶劣，风大的时候，随意推动着沙丘，大把扬起沙尘。粗糙的沙粒，打在人们脸上，生疼生疼，鼻孔里、耳孔里都是沙尘，你得眯缝着眼睛走路。吃饭时，一张嘴沙子就和着饭往嘴里灌。一个鸡蛋没吃完，蛋壳里有一半是沙土。

不说沙漠绿化，平常的绿化都何其困难。当地有位搞林业的同志说："要是把我们盟自新中国成立以来每年报的植树数字加在一起，整个鄂尔多斯早就绿化了，怕是连盖房筑路的地方也都栽上了树，可树在哪里，在纸上，在嘴巴上！"

远山先生的沙漠治理计划是动真格的。他是这支治沙队伍中的国际战士，一位充满愚公精神的异国老人。

在恩格贝，远山永远戴着那顶遮阳帽，永远是一身工装，天阴天晴，永远是一双高腰雨鞋，腰带上叮铃嗒啦，挂着剪理树枝的工具，手中也永远是一把铁锹。工装的腿袋里，装着一台照相机，随时准备拍摄资料。右臂上，鲜艳的红袖箍，印着一行"中国沙漠开发日本协力队"几个耀眼的黄字。

治沙的艰难超乎想象。最初种树只有20%的成活率，这是个非常让人绝望的数字。

为了提高树苗的成活率，身为治沙专家的远山正瑛，带着他在日本几十年的研究成果和实践经验，科学分析恩格贝当地独特的地质和气候条件，总结出了一套卓有成效的治沙思路。先把木棍砸进沙里，然后横放沙柳条，将它们固定住，以保证柳条格子里的沙子不再流动。再一桶桶提水来浇，一棵树至少浇上六桶，往返12次。他和志愿者们严格遵守种树步骤，对待每一个细节都一丝不苟：插条的切口要平整，长短粗细要均匀；坑洞的深度和宽度、树苗之间的间距、土壤的松软程度和沙质、浇水的频率和水量，都有严格的执行标准。远山先生规定并身体力行良好的作业习惯：用完的农具要清洗，农具和用品的摆放要整齐划一，产生的任何垃圾要随身带走……这些科学的做法和良好的习惯，至今依然被数以千计的志愿者和后来的治沙队伍承袭着。曾有疏忽大意的志愿者，一个坑洞少挖了几厘米，当场被远山先生严肃批评。

由于远山先生的"坏脾气"和坚持专注的品质，保证了树苗高达80%的存活率。这个"顽固"的老头由此被人戏称为"治沙愚公"。

地方政府和媒体知道了他的光辉事迹，探望和采访他的人开始络绎不绝。

中国不会忘记

但是远山先生根本没有时间理会他们。这个倔强的日本老头,一心只想多种点树,并不在乎外界的赞扬和荣誉。地方上的盟委书记来探望,他嘴上有一搭没一搭说着话,手上的动作却一刻没有停。书记比较尴尬,最后和他一起刨地种树,干了几个小时的活。记者来采访,他还是只顾着低头工作。记者年轻气盛,对此颇有微词。远山正瑛毫不客气地回击:**"只靠报道,世界是不会绿起来的。"**

2001年,中国政府召开会议表彰对我国做出突出贡献的外国专家,远山先生在会上荣获"中华人民共和国友谊奖"。当晚,朱镕基总理将会见并宴请这批外国专家。工作人员提前获知,远山先生不仅在被邀请之列,而且总理在致词中第一个就会讲到他。但是先生已经买好了当晚回去的车票,他执意要乘当晚的列车赶回恩格贝。他认为,既然已经获得了这么高的荣誉,他只有赶紧回去抓紧时间努力工作,种好树才对得起中国人民,才对得起这份荣誉,宴会可以不参加了。朱总理知道了这件事说:"先生太可爱了!太令我尊敬了!"

远山先生的"坏脾气"和倔强并不仅仅针对自己和他人,在自然力量面前,他同样倔强得很。

沙漠栽种最缺乏的莫过于水,然而夏天雨水来时却又洪水泛滥。面对洪水,远山正瑛的"暴脾气"又起来了,他认为完全可以筑坝蓄洪,淤沙造田,将洪水利用起来。说干就干,不久恩格贝就筑起了数公里的大坝,洪水来临时,枯枝败叶随之涌入坝内。这些枝叶在洪水退去后便会在沙土表面形成一层腐殖质,随后就可在上面种植草木。每当洪水光顾后,恩格贝总会多出一块良田,堪称一道亮丽的风景线。

中国科协原副主席、中国生物多样性保护与绿色发展基金会名誉理事长、恩格贝沙漠科学馆名誉馆长刘恕,在纪念文章中回忆起1998年再次见到远山先生的情景:那天傍晚风沙弥漫,天色混沌,91岁高龄的远山先生背着总不离身的工具包坐在地上，吃力地挖树坑。这幅从远处看到的画面一直刻印在刘恕的记忆中。那是一种勤勉和执着敬业精神的写照。刘恕说，远山正瑛先生深悟中日交流的历史，常提起鉴真大师历经千辛万苦东渡为日本传送中国文化和中国东北人民抚养日本的遗孤的事迹，认为应该怀着感恩之心，到中国交流自己的经验。

皇天不负苦心人。远山正瑛和他的追随者，用14年的时间，创造了世界沙漠治理史上的奇迹！截至2004年，曾经被称为"沙漠癌症"的恩格贝，已经成为了拥有三百多万棵树木的绿洲，染绿黄沙四万亩！

在远山先生的卧室兼办公室里，土墙上醒目地挂着一张中国地形图和一张中国人口分布图。

远山先生用红笔在两张地图上重重地打了一道红线，北起黑龙江的黑河，南到云南的腾冲。一条线，把中国分成了两半。

远山指着地图告诉来访者：**从黑龙江黑河到云南腾冲之间的这条连接线叫黑腾线，通过这条线能明显看出中国人口分布的情况：黑腾线的南边，45%的土地，人口却占了94%以上；黑腾线的北边，55%的国土，人口才占了5%左右。中国的人口分布在世界上是最不合理的，中国西部沙漠开发是重要的国家战略。**

远山先生认为，21世纪是改造沙漠的时代。将中国地图上的另一半荒漠沙丘，都改造成草地、森林、良田，中国再养活10亿人，不成问题。

远山先生很自豪江泽民总书记对他的接见。他说："我给江泽民主席发过誓，要在中国开发沙漠！"他真希望江主席能到恩格贝来，看看他真诚播种下的友谊与和平。

对于改造沙漠，远山先生认为重要的是开发。他拿出几颗硕大的土豆说："只有在恩格贝，才能长这么大！在日本长不了。"

他希望种植大量的土豆，加工成炸土豆片、土豆条，制成土豆粉，向全世界推销，这是恩格贝的土豆，恩格贝的名牌！

他想在恩格贝建起一座沙漠开发大学，培养开发人才。大学还未建立，幼儿园和小学已经建起来了。旧的砖瓦房里，置放着清一色的日本办公用品和孩子们的玩具。有十名孩子还被邀请到日本去。

每天很早的时候，远山先生就扛着他的铁锹下地去了，晚上很晚才回到房子里。在恩格贝人的眼里，他是一个可敬可爱的怪老头！

92岁的时候，远山先生说："我想再工作30年！我要把这把老骨头献给库布其沙漠！"

在远山先生的呼吁、示范下，恩格贝像一块磁铁，吸引着四面八方的志愿者。

日本人戴着醒目的袖标来到恩格贝。在远山先生去世之前，这一数字已经达到了七千多人，包括远山先生的子女。他们每人栽下100棵小树，还捐献了人民币200万元，治理沙漠19700多公顷。三个"百万株植树工程"相继完成：1995年，种植白杨树100万棵，1998年达到200万棵，2001年达到300万棵。

德国人、美国人、英国人、法国人、澳大利亚人、奥地利人、韩国人以及我国香港、台湾、澳门的同胞，也陆陆续续来到恩格贝。

无论是从新闻媒体得知的，还是口耳相传的，他们在恩格贝找到一个共同的目标，一个绿色的目标。

一位当年随日本侵华军队到过内蒙古、在包头城楼上站过岗的日本老人，来到恩格贝，说他的心都在颤抖。当年，他是扛着枪来的；现在，他是扛着树苗来的。他要栽下绿树，栽下一份忏悔，让绿色永远记住中日人民的世代友谊。

还有一些僧人，一路化缘，来到恩格贝，说他们要栽活小树，教化那些流浪和飘零的孩子，要在大地上实实在在扎下根，做一个有益于社会的人。

每天，恩格贝人都会收到来自祖国各地的信件，要求到恩格贝来。

一对云南的父母，几乎用悲哀的声音祈求，要王明海接受他们那位吸毒的儿子到沙漠来种树。希望在这里能拯救迷途者的灵魂。

来自福建莆田的志愿者小张，这个曾经腰缠万贯的年轻小老板，炒股输了本钱，一跌而为穷人。万念俱灰之下，想用剩下的一点钱周游全国，之后就去自杀。旅游到了西安，偶尔从报纸上得知恩格贝的事迹，便想推迟结束生命，先上恩格贝来看一看，再作抉择。沙漠使他重新获得了生的希望，参加修坝、治沙、植树，每天的辛劳，使他重新体验了生命的可贵。三个月过去了，这位莆田青年，在恩格贝扎下了根。

一位钢铁公司的团支部书记，从南方来到恩格贝，他觉得在这里有一种精神在召唤着自己。他在恩格贝，说修路就修路，说栽树就栽树；大家一起热火朝天地劳动，没有杂念，也不必想太多的东西，有时得往返30公里路程去干活，早上吃一顿饭，第二顿就得"荷锄待月归"了。

远山先生高兴地看到恩格贝成为一个国际村，有一群为改造沙漠而献身的绿色公民。

在恩格贝周围，那些还不曾被承包的沙漠，现在都被各地的农民抢着买完了。他们学着恩格贝的样子，造田，植树，要用绿色代替那里黄沙的颜色。

远山先生让中国人再次找回了曾经水草丰美的恩格贝，过去是沙进人退，现在是人进沙退。

恩格贝雄奇、壮美的沙漠景观和创业者艰苦奋斗的精神，成了吸引游客的一份资源：每年，有上万名国内外游客来到恩格贝休闲和参加义务植树。

远山先生也有烦恼。2002年，来自中蒙边境的沙尘暴越过北京，越过日本海，直接飞抵日本上空。从人造卫星发回的地球高空图上看，在日本海的上空呈现一片白色，日本的大雪山也被黄沙覆盖。老人拿出一份卫星拍到的地球照片说，现在全球陆地的1/4正在沙化，1000年后，搞不好沙漠将占到全球陆地的 1/3。而美国和中国现在有 1/2 陆地正在沙化，**"如果中国不加大治沙力度，100 年后沙丘将直逼北京城！"**

还有件让老人心烦的事，就是苗木不足。"没有苗木！关键是苗木不够，没法子！"远山先生反复用中文这样说，"要知道，种一棵树苗要等两三年才能管用，没有树苗怎么植树？"

谈到中国的沙漠化，老人拿起一份地球高空图，在上面写下："如果在中国不能每天种树 100 万棵，就会输给沙漠！请多种树苗！"他说："中国应该全民植树，不能只是一到节日装装样子。"

治沙是远山正瑛先生毕生热爱的事业，他坚信有沙漠的地方一定有水，沙漠一定能够治理，他说："我要生命不息，治沙不止。"为了保证头脑清醒，远山坚持每日冷水冲洗身体。他对来访者说，中国太大了，沙漠太多了。所以，他很痛苦。

基于远山先生的巨大贡献，内蒙古人民政府授予他"内蒙古自治区荣誉市民"称号，他获得了内蒙古"骏马奖"，他还荣获了联合国"人类贡献奖"等诸多奖项。原伊克昭盟行政公署为了表彰其功绩，于 1999 年为其立了塑像。

沙漠埋骨，事业永续

由于长期的劳作再加上肺部病菌感染，2004 年 2 月 27 日，远山先生不幸病逝，享年 97 岁。弥留之际，他说："我还想再一次站在沙丘上。"

先生去世后，根据他的遗愿，日本友人把先生的部分骨灰安葬在了恩格贝。人们在这里修建了纪念馆。在他离开后，中国政府授予他"沙漠绿化之父"称号，并在恩格贝为他建造了等身大的铜像。铜像的基座上有这样一段话：**"远山先生视治沙为通向世界和平之路，虽九十高龄，仍孜孜以求，矢志不渝，其情可佩，其志可鉴，其功可彰。"**

远山先生坚守"绿色代表生命，绿色是和平之路"的信念，用自己的行动实践着这个信念，不仅在恩格贝播下了片片绿荫，也增进了中日两国人民的了解和友谊。在他的眼里，**环境问题早已超越国界，解决环境问题必须世界一盘棋。全球变暖日益严重，地球上人口增加、不合理无节制开垦加速了荒漠化的进程。人类如果不合作起来，一起面对荒漠化问题，将会遇到更大的困难。**

远山先生去世后，很多日本人继承了先生的遗志，源源不断地来到恩格贝。他的助手安田变卖家族公司的财产来了，志愿者齐藤智子辞去丰田公司的工作来了，仅2004年，就有四百多位日本志愿者报名参加恩格贝自费植树，日程排到了八月份。在协会成立迎来20周年的2010年末，植树共计365万株，"绿色协力队"达到第182批，参加的志愿者合计10231人。

作为恩格贝的"精神导师"，远山先生虽然已经去世，但他的精神将永远在恩格贝存续。他耗尽心力在内蒙古库布其沙漠恩格贝生态示范区内培育的340多万棵白杨依然生机盎然。

2004年，恩格贝已是拥有四百多名职工、两亿多元固定资产的集团公司，养殖了万头种羊、鸵鸟和孔雀，开办了年生产能力7000万吨的矿泉水厂。曾经只剩四户人家的恩格贝，已经成为一个三百多人居住的村落，成为全球治沙的典范，国家4A级景区。"沙漠癌症"正一步步被治愈，植被覆盖率由过去的5%达到了40%。

生态环境的改善带动了沙产业和旅游业的发展。新培育的恩格贝新品系白绒山羊被专家称为我国最有前途的山羊；被人们誉为畜禽业"超级明星"的鸵鸟养殖，已成为恩格贝沙产业的龙头产业，数量超万只，是我国华北、西北地区最大的养殖基地；甘草、沙葱、沙芥、苦菜等沙生植物成为抢手的绿色食品进入市场。

不仅仅是恩格贝，整个库布其沙漠也在发生着巨变，治理总面积达到6460平方公里，沙漠治理率达到70%，是世界上唯一被整体治理的沙漠。作

中国不会忘记

为中国防沙治沙的成功实践，库布其被写入190多个国家代表共同起草的联合国宣言，成为全球防治荒漠化的典范。

过去，库布其的姑娘大多数嫁到了外地；而今，闺女们带着女婿把户口迁了回来。2018年7月19日，库布其下雨了。三天的降雨量达到一百多毫米，超过30年前一年降雨量的总和。库布其人说，这种天气如今已经成为常态。

"山水林田湖是一个生命共同体，人的命脉在田，田的命脉在水，水的命脉在山，山的命脉在土，土的命脉在树。"习近平总书记的这一论述，科学阐述了自然生态系统各组成部分的相互关系。树，在这个生命共同体中至关重要，有了树和森林，土地、山川、河流以及人类才能生机盎然、生生不息。

2019年2月，美国国家航天局研究结果表明，**全球从2000年到2017年新增的绿化面积中，约1/4来自中国，中国贡献比例居全球首位。截至2020年，全国沙化土地面积由1996年年均扩展2460平方公里，转变为目前年均缩减1980平方公里。**

远山先生留给我们的不仅是一个恩格贝生态区，更重要的是治理荒漠的经验和典范，他为改善中国人口众多而可利用土地相对稀缺的现状提供了一个可行的方向，我们永远怀念他。

音乐欣赏

交响乐《黄河》第三乐章《黄河愤》

哈里森·索尔兹伯里
美国老人的新长征故事

> 这次长征不仅使我重温了中国半个世纪的历史风云，还给了我一个难得的机会深入观察今日的中国，了解它当前的问题，以及它那几乎还处于中世纪的边远地区生活的全貌。那些地方长期属于禁地，外边的中国人极少去的，我们更像是传教士时代以来的第一批西方人。在我们之前，没有一个中国人（或其他任何人），曾经想过要追寻1934年的足迹。
>
> ——哈里森·埃文斯·索尔兹伯里

总有一个人会完成预言

早在1936年，美国记者埃德加·斯诺就访问了红军的根据地，并在陕西省的窑洞里听共产党的领导人周恩来、朱德等人讲述了长征故事，深受震动，于是动笔写下了《红星照耀中国》这本书，并在第五章中用17000字的篇幅，描绘了红军长征的情况，他在文章里预言道："总有一天会有人把这场动人心

魄的史诗完完整整地写下来。"

果不其然，半个世纪以后，预言变成了事实，实现这个理想的人不是别人，正是他的老朋友，美国著名记者、作家哈里森·埃文斯·索尔兹伯里，他通过重走漫漫长征路写出了举世闻名的巨著《长征——前所未闻的故事》

哈里森·埃文斯·索尔兹伯里，1908年11月出生于美国明尼苏达州明尼阿波利斯市，比埃德加·斯诺小三岁，1925年中学毕业后考取了明尼苏达大学，攻读化学专业，后退学，转而从事自己感兴趣的新闻记者职业。1930年到1948年，先后担任国际合众社记者、编辑。1949年3月任职于《纽约时报》，成为常驻莫斯科的记者，后又历任《纽约时报》编辑、助理副总编辑、副总编辑等职务。二战期间采访了苏联的前线，写下了一些优秀的著作，获得过新闻最高奖"普利策新闻奖"和众多高校的名誉学位，曾担任美国文学艺术学会主席，美国作家协会主席等职务。

作为一名学者型记者，最初激起他对长征好奇心的是他的好友埃德加·斯诺写的书。1938年，索尔兹伯里第一次读到《红星照耀中国》这本书时，就对书中浓墨重彩的红军长征壮举入了迷，尤其是斯诺写的那句关于预言的话，给他留下的印象很深。

二次世界大战爆发后，索尔兹伯里作为战地记者前往苏联进行采访报道。他在那里幸运地碰见了斯诺，巧合的是，斯诺和他一样都是担任战地记者，两人一见如故，同时在苏联采访报道红军的作战情况，他们的足迹遍布苏联的广大地区。他们不顾战争的危险，详细地报道了前线苏军英勇抵抗法西斯军队入侵的壮举，尤其是索尔兹伯里，更是拿出了舍身忘死的精神，在枪林弹雨中采访，工作认真细心，写下了著名的《列宁格勒被困九百天》，这本书时至今日也是描绘苏联卫国战争的经典之作。

而中国当时正在进行抗日战争，作为世界反法西斯的重要战场，索尔兹伯里工作的编辑部也很重视中国地区的新闻报道，于是准备让他完成莫斯科的任务后,马上飞往中国重庆,但因为计划的变动,他没有去成。

二战期间他虽然没有来过中国,但通过和斯诺工作期间的交流,却让他知道了更多关于红军的故事,深化了他对中国的理解,无形当中也促使他萌发了一个大胆的想法——重走长征路,他没想到,实现这个想法,居然让他等了足足46年。

亲历残酷的战火砥砺了他坚韧不拔的勇气,也锻炼了他的写作能力,报道的犀利文风也渐渐独具一格。

1957年,毛泽东访问苏联,索尔兹伯里作为《纽约时报》驻苏联的记者,也参加了这次中苏交流的宴会。

但令他奇怪的是,中国领袖毛泽东这样的风云人物居然在苏联的媒体报道中失去了踪影。

以前亲密无间的邻居关系怎么会如此平静呢!

出于记者职业的敏感性,他觉得这里面肯定有"隐情"。

于是便就当前的情况写了一篇分析评论文章,发到美国的报刊上。

得知此事后,苏联政府对他的所作所为气愤不已。

很快,他的猜测得到了证实,之所以如此,是因为当时中苏关系出现裂痕,且世界两极分化,冷战格局形成。

在这种情况下,他心心念及的长征夙愿自然无法实现。

1972年3月,索尔兹伯里接到朝鲜的邀请前往平壤。

对于朝鲜,他本来不感兴趣,但因为要经过中国,也是个好事,于是他欣然前往。

毕竟,二战以来,还没有一个美国战地记者到过朝鲜,尤其是取道中国,这是不容易的事情。好在比较顺利,他申请等待了一段时间,渥太华中国领事馆便通知他们,过道的签证通过了。

其实,在1966年,索尔兹伯里曾经去过香港的边境罗湖。

那时候香港对面就是深圳,他去过一次,短暂的路途,给他印象很深的就是铁丝网里面严阵以待、表情严肃的解放军战士。身后就是广袤的农村田野、灰砖黛瓦的房子。

这次时隔多年,又来到了熟悉的地方,他激动不已。在笔记本里写道:"马上就要和约翰通过深圳火车站进入中国了。"

那时候,索尔兹伯里最害怕的就是海关检查,担心自己过不了关。

但那次检查,出乎他的意料,当他忐忑不安地把几个包提到检查台上,一名年轻的中国女海关,快速果断地做完了一切,然后微笑着对他说:"海关检查通过了。"

这让他有些难以置信,中国的海关人员对人很亲和并且富有魅力,做事毫不拘束,这一度让他怀疑,这难道就是西方媒体上定义的"红色危险禁区"和"乱邦"?

毕竟,在他这次来取道中国之前,他接触的很多西方新闻都千篇一律,说此地"危险"。

但这么好的气氛,一度让他以为产生了错觉。

接着,他很顺利地认识了中国外交部新闻司的马毓真。

到达朝鲜后,他在那里待了两个星期便打道回府,主要的原因就是当地的反美宣传和饮食让他很不习惯,在朝鲜他也没闲着。给中国外交部的马毓真发了电报,提出了自己的想法:"我非常想访问长征路线的地区、延安和毛主席故居韶山。"

他说自己一直念念不忘长征,在 1971 年做手术麻醉状态中还挂念这件事。

言辞恳切,但依然不能如愿。

20 世纪 70 年代初期中美两国的关系有了发展,彼此之间的敌对情绪开始逐渐消融,接触的频率开始增加。那时候,索尔兹伯里就下定决心"如有可能,一定要实现斯诺的遗愿,争取写出长征的全过程"。

中国不会忘记

因此，1972年美国总统尼克松访华，索尔兹伯里便争取随团前往，在和周恩来总理会见用餐的时候，他提出了请求，希望周恩来能够批准他来中国进行"长征"。沿着红军早年的足迹和路线再来走一次。

如果能够成行，就和那些（长征的）英雄们好好地聊一聊，这样可以得到"活资料"。然后就可以动笔把这段历史写出来。

但周恩来只是笑了笑，并没有给他做出答复。

索尔兹伯里不甘心，在以后的十几年里，他又多次给中国方面提出了请求。

后来他明白了，当时很天真，时隔多年后他回忆道：那时候中国的"文化大革命"还没有结束，国内还有很多的问题需要领导层处理。"事实上，'四人帮'如果不垮台，我写长征的事情，那是不可想象的"。

1972年，美国总统尼克松访华，开启了中美关系的"破冰之旅"，中美关系走向正常化。

1973年，他偶然认识了一位"中国通"朋友——约翰·S.谢伟思。谢伟思出生于中国成都，曾当过美国的外交官。索尔兹伯里的《去北京以及远的地方》出版后，谢伟思给他写了信，说他和妻子正打算前去中国旅游，邀请索尔兹伯里方便的话可以一起去。

索尔兹伯里就提出了自己的想法，他想进行一次长征。

但他的北京朋友姚伟刚不赞成，因为徒步旅行非常辛苦，并且走在偏远的农村是很困难的。

随后几年，他又向中国有关部门提出了自己的请求。

在他看来，知道的中国事情越多，就越想弄懂毛泽东和共产主义的艰苦历程，对于长征就更痴迷。

"这是时代的史诗——六千英里的撤退，沿途要跨过无数座群山，还有令人恐怖的沙漠，恶魔般的激流，以及众多的沼泽，还有亚洲核心的山脉，这些都是凶险的天然屏障"。

后来，毛泽东等领导人相继辞世，这让索尔兹伯里很担心这个计划落空。

毕竟年纪越来越大，他心脏还有问题，时日不多，机会也似乎越来越渺茫。每年都会对长征的念头振振有词，但他的妻子对他的想法不以为然，认为他是痴人说梦。

转机的时间定格在1983年8月，《中国日报》刊登了一则劲爆的新闻，很快就吸引了他的注意：71岁的外国人汉森乘坐巴士和吉普以及飞机跑遍了大半个中国。看到这个消息，索尔兹伯里那颗炙热的心又开始燃烧起来。外国人既然能在中国游历，那说明自己也可以，当意识到自己有"戏"，他赶紧动笔写了一封言辞恳切的信寄送给中国使馆和认识的中国朋友，希望他们帮助他实现重走长征路的愿望。

8月17日是一个让他难忘的日子，因为在那一天，他接到纽约一个中国记者的电话。

索尔兹伯里在当天就回了电话，那边说："使馆方面询问他是否愿意来中国长征。"

这是求之不得的。

他几乎不敢相信这是真的。

接着他确认了消息的可靠性，中国方面邀请他沿着长征路开启一次旅行。

他激动地说："我简直不能想象，这世上还有什么比长征更绝妙更刺激的事情！"

事后他得知，原来这个决定是时任中央军委副主席杨尚昆做出的。

1984年，距离红军伟大长征已经过了近五十年了，等了那么多年，终于可以完成心底的夙愿了。

愿望实现：行走在长征的途中

索尔兹伯里马上行动，打包好行李后，他便带着妻子夏洛特，于3月1

日飞到北京，开始了多年来朝思暮想的"长征"。

在十多年以前，他就计划写一部关于中国红军长征的书，并为这本书的完成搜集了很多的历史文献资料。

而这次来北京后，他做的第一件事情就是考证这些资料的真实性，去伪存真。

他将之前的资料梳理出了线索，然后做了两方面的工作。

一方面他根据手中的资料逐个采访了当年参加红军长征、现在还健在的红军领袖、高级将领和普通的战士，甚至只要是对红军有些了解的老百姓他都事无巨细地一一予以登记。

另一方面，为了能够详细地了解这段历史，他在好朋友谢伟思的帮助下，还先后请教了党史研究的有关专家、红军研究的相关学者，调阅了档案馆相关的书刊资料。历时一个月，完成了一系列资料的采访收集后，他开启了重走红军长征路的历程。

索尔兹伯里认为实地沿着长征路再走访一遍很有必要，这样就能够切实感受当年红军面临的艰难，厘清和还原当时的背景。

中国则出于安全起见，派人陪同他们一起。

打算归打算，但长征路不好走，20世纪80年代，改革开放才刚刚启动不久，国家建设百废待兴，公路铁路年久失修，因为地处西部，所以路况很恶劣，况且此时的索尔兹伯里已经74岁高龄了。不仅身体堪忧，还患有心脏病，平时的行走都要带上心脏起搏器。他的妻子也快70岁了，朋友谢伟思74岁，几人不顾年老体弱，表示要以红军那样勇敢的精神，完成长征之路。

"老人团"意志可嘉，选择的路线主要是红一方面军的足迹，其中也有第二和第四方面军的部分地区。

这些道路不好走，沿途政府都为他们提供了保障车辆，但索尔兹伯里等人拒绝了，一行人开始按照预定的计划重走长征。在长征的出发地江西苏区，他们实地考察了第五次反"围剿"的环境，询问了健在的几十位红军老战士，索尔兹伯里便弄清了红军当初之所以举行战略大转移的理由，并认识到了第五次反"围剿"和最初长征失败的原因，和"独立房子"的主人李德有很紧密的关系。

索尔兹伯里一行人沿着当年红军的路线挺进，一路上，要么选择吉普车，要么选择马车，用他的话来说什么交通工具都坐遍了。乘吉普，搭车，乘小汽车，骑马，骑骡子，还有步行。但道路十分颠簸，每当坐车的时候，里面总是摇摇晃晃，索尔兹伯里只能在笔记本上记个大概，他的笔记本也是花样繁多，为了弄清线索，上面不仅画满了符号还有数字和涂鸦。

虽然各地的政府都对上了年纪的老外很照顾，但受制于条件，这几名外国人也时常感到不方便。比如，一些路途遥远的乡村缺乏更洁净的水，带的水只有轮流交换着喝，漫长又坎坷的路途，一度让疲劳的身体招架不住。每当这个时候，索尔兹伯里良好的职业素养和精神就体现了出来。

他坚持非要把"长征"完成。

连随行的人都认为这个老头是个硬汉子，真有点红军的精神。

索尔兹伯里说："中国的红军男女完全靠徒步走下来的，我们呢？又有吉普车又有面包车，还有指挥车开道，已经很不错了。"

要知道，多年以前的长征路途上更是凶险，悬崖高山，冰雪雨雾，还有奔腾咆哮的河流漩涡，神秘莫测的自然风暴，炎热的沙漠，危险的沼泽，无休止的连续行军，任何一样都让人胆怯。

"只有亲身走过这段路程的人才能以现实主义的方式描绘出长征中的战斗和艰难困苦——特别是过雪山和草地！"索尔兹伯里说。

白天重走路线、收集资料素材，所以整理的时间只能放在晚上，当夜晚降临的时候，外面山风吹起，索尔兹伯里就用旧式的打字机"噼噼啪啪"地敲动起来，他将沿途记录的文字符号以及草图重新组合成干净利落的文字记录下来。

当周围的人都睡去的时候，只有他还在废寝忘食地工作。

对于一个上了年纪的老人，这简直是在不要命地折腾了。

因为休息不好，索尔兹伯里在西昌的时候差点丧命。一到那里心脏病就突发了，幸好随行的人当机立断，用飞机把他送到成都抢救，这才幸免于难。

按理说，遇到这种事情，一般人都不敢继续下去了。

但是他不，病情稍微稳定点，他就要求再次去。说无论怎样都要走下去。

大家拗不过他，只能让他返回继续。

老人执着的精神感动了大家。他不顾年老体弱的身体，带头徒步向前，和多年前的红军战士一样，走过泥泞坎坷的山路、度过狭窄的谷底、翻雪山、趟激流、迈过茫茫的草地。

总共耗时 74 天，沿途战胜了疾病对身体的折磨，跨越万水千山，穿过七八个省份，从江西的苏区到达陕西，终于完成了长征路线的走访。

对于这段路程，索尔兹伯里评价说："**我们沿着红军的路线走下去。不是每一段落都走到，而是这里略一段，那里跳一段，特别是跳过了贵州境内的部分迂回路线，同时还常拐出去看看非中央红军经由的地区。我们从金沙江渡口穿过离西藏不远的火焰山和狮头山，沿着一条崎岖小路攀登了一番，然后骑着骡子和马从群山中走出，向大雪山进发，以感受一下红军旅途中精疲力尽的情景。**"

途中，索尔兹伯里还感受到了沿线的复杂地理和气候条件，他和当地的红军老战士、老牧民和船工的交流，就自己想到的各种疑问寻求解答，直到弄清了真实的原因为止。为了了解当地的风土人情和生活习惯，他还收集当地的逸闻趣事，从人物事件和数字名称入手，站在历史和现实结合的点，多角度对长征进行分析，从而深刻地认识战役转移的伟大和艰难。

比如：索尔兹伯里注意到红军长征的时间是 1934 年 10 月，那时候是冬季。他们从江西出发的时候，参与的人数是 86853 人。具体人数分别是第一军团 19880 人，第三军团 17805 人，第五军团 12160 人，第八军团 10922 人，第九军团 11538 人，加上两个独立纵队 14548 人。

数量众多的红军战士，离开多年驻扎的根据地，不是一件容易的事，离开熟悉的地方自然是痛苦的。结果，经过一年的长征，毛泽东带领的第一方面军到达陕北的时候只剩下 6000 人左右。他分析了这背后的原因，才知道原来长征面临的情况很复杂。红军一路上行军不仅要随时面对国民党的重兵堵截、围追，他们还要忍受饥饿、寒冷。他们穿越了地球上险峻的沟壑，走过荒无人烟的地区，翻越了约 1000 座山，横渡了多达 24 条江河。这其中，除了要冒着敌人的枪林弹雨，跟恶劣大自然做斗争，还要解决来自党内的分歧。

红军可真是太难了，太不容易了。

他们在这一年的时间里，南征北战。克服了路途上的很多困难，做出了极大的牺牲，大半个中国都被红军走完了，他们不是狼狈逃命的人，他们能征善战，有着坚定的目标和精神，他们就是革命的核心力量。

甚至对于少数民族，红军执行的政策也非常开明，不仅尊重他们，也体谅他们，红军穿过彝族地区时，毛泽东等领导人就强调，要尽量避免冲突。

这些都是索尔兹伯里的独特发现。

"老年团"一行人的长征也闹出一些小矛盾。

矛盾集中在两方面：一方面是朋友爱好之间和行程的小摩擦，另一方面则是当地热情招待导致的。

这次前行，随着时间的推进，索尔兹伯里和谢伟思就有了分歧，谢伟思早在延安时期就和共产党的领导人接触过，20 世纪 30 年代，他还在美国驻昆明领事馆工作过，当红军攻打云南的时候，他和妻子当时都吓了一跳，新中国成立以后，他还遭受了所谓"麦卡锡主义"的打击迫害。

此人爱好摄影，这次长征沿线的景色都是非常漂亮的。谢伟思一路上手中的照相机"咔咔咔"地响个不停，让一心想要赶路、早日完成长征采访的索尔兹伯里颇有微词。

但好在有妻子夏洛特在中间调节，这些矛盾才能大事化小，小事化了，一旦谢伟思想要停车拍照片，夏洛特都主动说，自己需要方便。这样一来，索尔兹伯里也只好无奈接受，这时候的谢伟思则端起相机，拍下大好的山河风光。

年事已高的外国人要来，沿线的各地政府都很热情地接待，希望"老年团"住得好、吃得好，务必一切安排妥当，但索尔兹伯里则一心扑在工作上，非要根据采访的路线来准备食宿。

这样一来，则与原先的食宿安排产生了分歧，好在随行的翻译人员，在其中协调，大家才得以相安无事。

完成"长征"以后，索尔兹伯里又飞往北京，接连不断地采访了李先念、肖克、程子华、李一氓等老一辈红军指战员，走访了几十位红军老战士、老船工和赤卫队员。

然后，他便带着收集的几箱子资料、笔记本和图片返回美国。

采访了上千名红军长征的幸存者，翻阅了数量众多的资料档案，索尔兹伯里对长征已经了然于心，一个完整的长征脉络在脑海中形成。

他对这些资料细致分类，整理研究，随后便开始了艰辛的写作。运用自己擅长的个人叙事方法，把沿途的见闻、涉及的人物事件用生动有力的文字提炼展现出来，还原了长征伟大的历史征程。

让他感动的是，中方有关部门审阅他的手稿时没有进行任何删减，只是本着负责的态度，将人名、地名和数据作了更正。

这让他认识到中国宽松的氛围。

写完之后，这本书的内容最先是在《参考消息》上进行了连载。

后来，解放军出版社出版了精装本和平装本。

这本书在中国的学者群引发了强烈的关注和反响。

一些专家问他，怎么知道掌握这么多事实，索尔兹伯里说，他的材料之多是史无前例的，且到一个地方，都会反复地追问采访，从不同的说法和角度去论证。

经过大量的工作采访，他终于接近了事情的真相，找到了可以支撑的证据。

1985年10月，他这本反映中国长征的著作《长征——前所未闻的故事》，在美国正式出版。

虽然这本书记载了许多故事，参加长征的人都比较熟悉，但对于很多外国人，尤其是只读了斯诺《红星照耀中国》的人来说，里面有很多的故事是从未听说过的，所以，这本史无前例的书一出版很快就成为畅销书，在美国引起极大的轰动，并迅速被翻译成17种不同的语言文字，在全球发行。

索尔兹伯里曾经在中文版的序言中说道"这本关于长征的书自从1985年10月在美国出版以来，在很短的时间里为数众多的读者都读了这本书。……那些从未阅读过红军壮丽史诗的人们，现在可以从某种意义上开始了解那些为了中国革命事业而不惜牺牲的男男女女的品质。他们将从这里开始知道人类有文字记载以来最令人振奋的大无畏事迹"。

遗愿：想沿着伟人邓小平的路线再走走

这本书出版以后，索尔兹伯里还时刻关注着中国的发展变化。

20世纪，苏联和东欧发生剧变，让他对中国的发展忧心忡忡，担心政治风波会波及发展中的中国。

但好在1992年邓小平发表了南方讲话。

国家发展步入正轨，他才松了一口气。但是他一直向往中国，"自己如果有机会的话，我想再去一次中国"。

中国不会忘记

1993年,他在给中国的一位朋友的信件中表明了自己的心声:"我这次去中国要办的最重要的一件事就是沿着邓小平南方视察的路线走一走。看看广东、深圳和上海。我读到的许多情况都令人激动不已,香港人也一定会为此感到高兴。但我担心南方的飞速发展,会不会把北方甩得太远了,不过,我想,只要加把劲,北方也会很快赶上,我特别希望看到的是,一个重振雄风的上海。"

但这美好的愿望只能变成遗憾了。

在两个月后,已经85岁的他就去世了。

遵照他的遗嘱,那台陪伴他长征的旧式打字机送给了儿子,而心脏起搏器则送给了向往的中国。

正如他在书中对长征所说的那段话:"它过去是激动人心的,现在它仍会引起世界各国人民的钦佩和激情。我想它将成为人类坚定无畏的丰碑,永远流传于世。阅读长征的故事将使人们再次认识到,人类的精神一旦被唤起,其威力是无穷无尽的。

"它所表现出来的英雄主义精神激励着一个有11亿人口的民族,使中国朝着一个无人能够预言的未来前进。"

音乐欣赏

交响乐《黄河》第四乐章《保卫黄河》

威尔纳·格里希
新中国第一位国企"洋厂长"

武汉,汉正街都市工业园,一片方形小树林,只有四分之一足球场大小,被周边密集的厂房和嘈杂的机器声包围着。

深绿色的冬青树,掩映着一位德国人的半身铜像。它太不起眼了,倘若不细看基座上的文字,路过的年轻人或许根本想不到,37年前,一位德国人给这座城市带来的震撼与轰动。

这位德国人就是威尔纳·格里希。

1984年,德国退休专家格里希来到中国,用他的"洋理念"让老国企武汉柴油机厂兴旺一时。作为我国国营企业的首位"洋厂长",格里希的这一举动引起中外轰动,成为中国对外智力引进中的一件标志性大事。

今天,在我们回顾这段历史的时候,格里希早已长眠在他的家乡,他曾服务的武汉柴油机厂也已不复存在。但是,武汉人没有忘记他,中国人一直记着他,那些关于责任、关于友谊、关于革新的故事仍然真切地长留在这片土地上。

2018年12月28日，北京，人民大会堂，庆祝改革开放40周年大会在这里隆重举行。中共中央、国务院表彰改革开放杰出贡献人员，向十名国际友人颁授中国改革友谊奖章。曾担任武汉柴油机厂厂长的格里希就是受奖人之一。当格里希的儿子贝恩德走上领奖台代父亲接受奖章时，人民大会堂爆发出雷鸣般的掌声。

为什么是1984年？

1984年8月的一天，当65岁的德国退休专家威尔纳·格里希，拖着一个大皮箱，从德国辗转北京，到达汉口火车站时，中国这片土地正在发生着前所未有的变化。

在次年初的新华社报道中，1984年被称为经济发展"突破之年"而载入中国史册。

这一年，王石用自己贩卖玉米赚到的第一桶金创办万科；张瑞敏上任青岛日用电器厂厂长，于是有了今天的海尔；柳传志，在中关村的一间传达室建立了联想……

这一年，邓小平第一次南方视察，结束了一直以来对"是否办特区"的争论，坚定了特区人改革开放的信心，同时也加快了特区对外开放的步伐。

改革开放是中国政府在1978年后制定的极大地促进了社会生产力的对内改革、对外开放的发展性政策，安徽凤阳小岗村作为其中的典型，几年后充分体现出这一政策的成效。

对比之下，这一阶段的城市区域在改革当中的表现则稍显平淡。

城市中的国企彼时仍然是旧有体制，政企不分、平均主义等问题长期存在。放在任何一个时期，人们都很难将这样的制度与高效、活力相挂钩。

不过幸运的是，这一问题也很快得到实质性解决。随着国家一系列政策的出台，阻挡中国经济发展的屏障被一个个清除。

1984年10月，党的十二届三中全会一致通过《中共中央关于经济体制改革的决定》，拉开了加快以城市为重点的整个经济体制改革的序幕。

国企的改革在接下来的几年以至更长时间作为改革重点被推上了风口浪尖。

"个子高高的，十分魁梧，一头白发，看起来严肃直率，聊起天来却活泼亲切。"武汉市外事办原副主任吕志清，还记得在汉口火车站第一次见到格里希的场景。

这次见面的两年前，武汉市就与格里希的故乡联邦德国杜伊斯堡市，结成友好城市，开展了多项合作交流。

当时，联邦德国有一个退休专家服务局，主要负责组织身体健康且有专业特长的退休专家为发展中国家提供技术咨询。从1983年起，杜伊斯堡市开始通过退休专家服务局派出退休专家来武汉。

"文化大革命"结束后，中国从盲目排外的迷雾中走出，封闭半封闭状态被打破，国门逐渐打开。从1977年起，中共中央、国务院即同意各部委派团出国考察，联邦德国成为主要考察对象之一。在对外开放的进程中，联邦德国逐渐成为中国对外引进技术和设备的主要国家之一。

1983年7月，邓小平发表了《利用国外智力和扩大对外开放》的重要谈话，明确提出把引进国外智力作为一项重要的战略方针，作为对外开放的重要组成部分。"尊重人才的价值，大胆使用外国人才"。同年8月，中央成立引进国外智力领导小组。在中央的支持下，许多单位许多城市都聘请了外国专家当顾问。

百业待举的中国用海纳百川的襟怀向世界张开了热情的臂膀。

五个月后，联邦德国退休专家服务局，派出了第一批三位退休专家到武汉，在几家国营工厂里担任技术咨询。

次年,格里希到了武汉,作为发动机制造和铁芯技术专家,他被安排到武汉柴油机厂做技术咨询。

1963年,19岁的夏发有,进入武汉柴油机厂,当上一名模具钳工。此后几十年的工厂岁月里,他最乐意谈起的,还是上世纪六七十年代。

那是这家国有工厂最辉煌的时期,工人干得起劲。"加班没有报酬,不让哪个工人加班他还不高兴。"夏发有回忆。常州柴油机厂跑来学习经验,在"工业学大庆、农业学大寨"的年代,武汉柴油机厂曾被评为武汉市首家"大庆式企业"。

然而,在格里希到来之时,这个曾制造出新中国第一台手扶拖拉机的工厂,已经失去了往日的荣光,像一头年岁已高的老牛,喘着粗气,满身是伤,吃力地活着。

工厂管理混乱,职工劳动纪律涣散,产量和质量均居全国同行业之末;铸造车间只有1937年的生产水平,机器设备都是1960年之前的产品;工作人员的素质也不高,尽是别的工厂不要的老弱劳力;工厂一年亏损500万元……

虽说格里希人生经历丰富,更是专业人士,可他所要面对的问题,哪一个都不简单。

一件令人吃惊的新闻

1985年至1987年间,中国的新闻里,频繁出现威尔纳·格里希的身影。

翻开《武汉市志·外事志》,威尔纳·格里希的名字赫然出现:"1984年8月,德国发动机制造和铁芯技术专家威尔纳·格里希作为德国退休专家组织(SES)派往武汉的第一批三名外国专家之一,来到武汉柴油机厂进行为期四个月的考察,并义务担任技术顾问。"随后他成为中国国企聘请的首位"洋厂长"。

格里希在机械制造业方面有丰富的管理经验,对这样一位技术扎实、管理经验丰富、具有多国工作阅历的资深机械制造专家,武汉市领导十分器重,他一到武汉,就被安排到武柴当技术顾问。

然而,这家建立于1954年的老牌国有企业,此时已有的太多弊病,让这位退休专家无法忍受。

格里希看在眼里急在心里,他深入调查研究,针对问题写出十余万字的咨询意见,提出一百多条合理化建议。

一个月后,国庆节,时任武汉市长吴官正和相关市领导看望格里希。把厂子搞好心切,格里希借机道出自己的苦恼:"如果我是厂长,这一切都要改变!即使只有现有设备,也能使产品质量和使用寿命大大提高。"

武柴的弊端是当时所有国企的通病,至于如何整顿,方方面面也是一筹莫展。

说者无意,听者有心。格里希的话让市领导灵机一动:"何不直接请格里希来当厂长!"征求格里希本人意见,得到肯定答复。接下来,就等武汉市委决策,究竟是否聘请了。

请"洋人"管理国有企业,这事在全国都还没有先例。有人觉得,一个"洋人"懂什么,全武汉市这么多优秀人才,难道就找不到一个能管好柴油机厂的人。

吴官正请武汉市外办先给出意见。外办副主任吕志清和同事们研究后,认为此事可行。

吴官正向时任省委副书记、武汉市委书记王群汇报后,武汉市委决定:请格里希担任武汉柴油机厂厂长。

"让外国人当国企的厂长,当年是需要极大勇气的,回头看这绝不是历史的偶然。" 吕志清回忆。

历史的必然性条件中,一个关键的因素是,1984年武汉成为全国经济体

中国不会忘记

制综合改革试点城市，获得诸多改革权限。另外，这也是担当的产物。正如邓小平所说的，改革开放需要一批闯将，敢于闯出一条血路来。当时，武汉市委市政府的指导思想是，如果失败了，也只是一个武柴；但如果成功了，可以对全国国企改革产生很好的借鉴作用。

1984年11月1日，格里希正式受聘为武汉柴油机厂厂长，武汉市市长吴官正出席就职仪式，向格里希颁发聘书，任期为1984年11月至1986年11月，聘期2年。

中国国企第一位"洋厂长"走马上任。

"现在人可能无法理解，一个国有企业请一名外国人当厂长，在当年是多么石破天惊的事情。"湖北《长江日报》老记者黄启疆回忆，在格里希的聘任仪式上，新华社、人民日报等各大媒体悉数到场，但在仪式后接到有关部门的通知：先不报道，看看再说。

因此，仪式过后，全国媒体几乎一片沉默，仅《羊城晚报》发了一条二百余字的消息。

十多天后，时任国务委员张劲夫获悉此事后极为赞赏，肯定武汉"大胆走了第一步""将引起全国的注目"；接着，时任中共中央总书记的胡耀邦又在新华社一份"内参"上作了批示。此后，闻风而动的中央和地方媒体的记者，争相前往武汉柴油机厂采访。国外评论说，格里希当厂长是中国对外开放和改革进程中"一件令人吃惊的新闻"。

落后就要请"先生"

虽然1984年中国已经进入改革开放的第六个年头，但当时人们的思想仍然相对保守，对改革开放认识不够。让一名外国人掌国企"帅印"，很多人仍然难以接受。消息一经公布，各种反对意见纷至沓来。

威尔纳·格里希 —— 新中国第一位国企"洋厂长"

"偌大的中国,人才济济,为什么偏要请洋人当厂长?"

"一个外国人,不了解中国情况,当厂长还不是瞎指挥?"

"外国人当厂长就成了'姓资的'指挥'姓社的',无产阶级的领导怎么体现?"

五十多岁的司机肖师傅,年轻时曾在武柴旁边的武汉市粮食局工作,他还清晰地记得:"武柴来了个'洋和尚',当时全城都在议论这个事。"

1985年1月6日,《长江日报》的头版头条,罕见地刊登了一名普通工人和时任武汉市市长吴官正的往来信件。

这名给市长写信的工人是一位关心时事的聋哑人,他在信中提出一个十分犀利的问题:外国厂长能办到的事,中国厂长为什么办不到?

这封信被递到了吴官正那里,没想到,他不仅回了信,还支持《长江日报》就此展开讨论。在回信中,吴官正说:"我们在许多方面还不如人家,落后就要请'先生',格里希就是我们要请的'先生'中的一个。我们要进一步解放思想,大胆引进人才,把武汉的企业整顿好、管理好、建设好。

"确实,格里希没有什么神奇、特殊本领,他的经验说到底就是个'严'字——严格按科学规律办事,按规章制度办事,严于律己,从严治厂。我们为什么严不起来呢?是不合时宜的领导体制捆住了我们的手脚吗?是上级领导不支持吗?是担心群众怕严吗?是我们不敢和不愿这样做吗?"吴官正在信中写道。

"为什么严不起来",此后,一场涉及全社会、各阶层的大讨论热烈展开。工厂的工人、领导、大学老师、武汉市民……都参与到这场大讨论中。

"有人反映关系户、走后门的情况,有人分析自己的工厂效益不行的原因……"讨论持续了五个月,人们的讨论重心也逐渐从"洋厂长能不能管好国企"变成了反思国企自身管理的不足。

很快,不少海外媒体也来到武汉采访,认为"中国居然将一个国有企业交给洋人管理",从中看到了中国对外开放的勇气和决心。

聘任"洋厂长"在当时引起如此轰动,其意义不仅仅局限于一位外国厂长能否搞活一个武柴,更重要的是,国企在引进人才上的大胆尝试,开了风气之先,为全国在引进智力助力改革上树立了典范。**在改革开放初期,"格里希效应"对推动武汉乃至全国的国企改革影响深远。**

翻开武汉改革开放史的卷轴,这次轰动全国的聘任,只算是其间的"一小步"。

1984年5月21日,在得到中央批复后,武汉成为全国第一个进行经济体制综合改革试点的省会城市。实行计划单列,被赋予省一级的经济管理权限,中央、省属在汉企业原则上下放到武汉市。

一个月后的6月29日,吴官正市长宣布:"武汉三镇市场向全国敞开,地不分南北,人不分公私,一律欢迎来武汉投资办厂做生意,打破地区和部门垄断,鼓励全民、集体、个人一起兴办服务业和交通运输业,保护竞争。"

20世纪80年代初,改革体现在先行先试,看谁是第一个吃螃蟹的。开放汉正街小商品市场;最早放开菜价,让市场发挥作用;武汉荷花洗衣机厂公开招标采购,被誉为新中国"第一标"……在全国范围内,这一系列大胆的尝试,让武汉走在了改革开放的前列。

聘请外国人当国企厂长,这样的事发生在武汉,虽然当时颇有争议,但现在看来也并不让人感到奇怪。

时至今日,武汉市档案局还完整保存着当时聘请格里希的原始档案。1984年185号文件是一份关于聘请格里希担任武汉柴油机厂厂长的会议纪要。**文件写道:"聘请格里希任武柴厂长,是尊重知识、尊重人才,吸收和借鉴西方先进经营管理方法的一个重要措施……我们应当解放思想,以积极坚定的**

态度把这项工作做好。"

为了协助格里希工作，当时的武汉市委专门成立了一个由市委常委带队的工作组，不仅赋予格里希厂长应有的权力，还将武柴列为厂长负责制的试点单位，探索改革开放大背景下企业搞活之路。

格里希很清楚，接下来的两年会面对不少艰难险阻。毕竟，几十年的计划经济已经让国有企业"结上了厚冰"。但他说：**"我不愿把我的知识和技术带到坟墓里去，希望它们能对中国有所贡献，让中国农民花同样多的钱，能买到更好的农业机械。"**

"洋厂长"烧起三把火

格里希走马上任了。

在就职讲话中，这位"洋厂长"宣布不花费新投资，利用现有的机器设备，采用最现代化的管理方法，以严治厂，创造出质量高、使用寿命长的柴油机。

铸造车间是工厂的核心车间，是全厂的基础，但当时铸件的废品率高达30%—40%，那一年常州和无锡两家柴油机厂废品率只有7%—8%，这使得武柴产品的成本价格升高。机械加工误差很大，总装也不按图施工，检查起来主体清洁度脏物有五千多毫克，导致柴油机耗油短命。

最终，这位新厂长，发现了导致产品质量差的致命因素——工厂质检部门形同虚设。240个零部件，其中180个是外协件，"质量差得叫人头疼，质检部门不严格检查，直接进厂"；不少计量室有些昂贵、精密的仪器，都盖上了塑料罩，当作展览品，"有两台测量装置躺着睡了两年大觉"；质检人员大多是老弱病残和有关系的人，有的连游标卡尺都不会使用；质检部门地位低，属工程师领导，没权。

更让他无法忍受的是，质检科科长竟然还不会做精确的测量工作，更无法去指导工人做精确的测量工作，工厂总工程师和质检科科长甚至不下车间。

在 11 月 15 日的工作日志中，格里希写道："从他俩的专业知识来看，是不称职的。我对他们的工作观察了 14 天，令人很不满意！"

四天后，格里希做出了一个震惊全厂的决定，免去这两名干部的职务。同时，将质检科划归厂长领导。

1984 年底，24 岁的梁东，武柴设计科一名助理工程师，一米六三的个头，给格里希当英语翻译及工作助手，在工厂里每天她要小跑着，才能追得上大步流星的格里希。

她仍记得，当助手那些日子"很痛苦、很累"，"格里希经常一个人跑到试验室，测试发动机的噪声曲线、油耗曲线，发现问题立即把我叫过去，限定三天内拿出解决方案，时间一到就找你要方案"。

那段时间，这位新厂长，每天背上一个工具包，装着游标卡尺、吸铁石、白手套，穿行于车间，用卡尺检测零件精度，吸铁石检查机器里是否有铁屑，白手套摸摸机器是否清洁，时刻准备着检验产品的质量。

65 岁的白发老头，不知疲倦地迈着大步，行走在工厂的角角落落。他常说的一句话是，"检验部门是厂长的眼睛"。为了练就一双"火眼金睛"，他打破干部任职惯例，亲自考察、聘请了新的总工程师、研究所所长及质检科正副科长，要求他们深入车间，"希望以后不要经常在办公室看到你们"。他还亲自给检验人员上课，教他们熟练使用检验工具。

一套严格的质量检验体系，在这家老国企建立了起来。

老职工夏发有还记得，那个年代的国有企业，工人多，岗位少，广就业。"一天八小时，不少工人磨洋工，出工不出力。"

格里希在武汉的其他国有工厂，也注意到工人工作态度的问题，"上班看报睡觉，想走就走。"武柴当时有职工 1800 人，1200 至 1400 人就足够了。有一次在工具车间仓库里，他发现有人竟在上班的时间看小说。

在工作日志中，这位严谨较真的洋厂长，算了一笔细账：工人都没有遵守上下班时间，每天每个人少干 70 分钟工作，每天全厂浪费工作时间 2024 个小时，每个月为 50500 个小时，每年为 60 万个小时。"当然，不是全厂所有的人都这样，但数字很惊人。"

上任厂长后，格里希在武柴推行了严格的八小时工作制，七点钟上班，不是七点钟进厂门，而是七点钟开动机器进行生产。有些日子，他还亲自跑到工厂大门口，检查考勤，扣发不守厂规的职工工资，力图改变这种敷衍的工作态度。

熟悉那段历史的人们，都会提到格里希上任伊始连砍的"三斧头"。

针对工厂的积弊，他第一斧头砍向涣散的劳动纪律。每天厂长应第一个到厂，车间主任应第一个到车间，工厂里懒洋洋的情景消失了。第二斧头砍向混乱的管理方式。从厂长到管理干部都要深入车间，解决生产问题，不能坐办公室瞎指挥。第三斧头砍向错综复杂的关系网。将安置"关系户"的质检科"大换血"，变成高效的管理中枢。

令人欣慰的是，格里希的改革终于给武柴带来了新气象：职工的精神面貌有了很大改变，产品质量有了显著提高。1986 年，柴油机气缸杂质从 5600 毫克下降到 100 毫克以内，居国内领先水平；废品率由 30% 至 40% 降到 10% 以下；产品的使用寿命由 3000 小时增加到 6000 至 8000 小时。产机向东南亚 7 个国家出口，年出口量达到 5000 台，创汇超过百万美元。

胡耀邦同志在《洋厂长的"三斧头"》一文的批示中，这样评价格里希："一是严于律己，以身作则，并且说到做到；二是自己懂行，每天以主要时间深入车间，去发现问题、解决问题；三是赏罚严明，并且当机立断，毫不含糊。"

然而，在当时的环境下，这些新做法一直无法获得武柴员工的广泛理解，格里希在车间巡视时，工人会装模作样，当他一走，工人依然我行我素。甚至有人会在车间门口放哨，一见到格里希来了就喊："'鬼子'进村了！"

在格里希的日记里也提到，本应于 1985 年 1 月 1 日起施行的工资改革方案，因为员工的抵制，一直到 6 月还不能落实。1985 年 6 月的一次全厂中层干部、技术人员会议上，格里希甚至恳求："你们有人可能认为我是发疯了，每天不知道享受，天天到车间去吹零部件，累得满身是汗……我六七十岁的老人了，我拼命干，不是为自己，是为了你们，为了你们的老婆孩子！"

格里希撰写的 26 万字的企业机构设置和劳动重组方案，得到从中央到地方各级官员的重视。时任国家经委副主任朱镕基称他为"质量先生"。曾经五次接见格里希的国务院原副总理姚依林如此评价他："我们不是把你当普通的厂长，而是把你当成西方文明的使者来对待。"

"父亲的性格，一贯的严谨，他热爱工作，看重职业道德，这是他成功的关键。"格里希的儿子伯恩特回忆说。让人感叹的是，在武汉柴油机厂任厂长期间，格里希每天工作 16 个小时。除了肤色跟工人不同，他对自己的要求比对工人更严格。并且拒领工资，仅靠德国退休专家合作局每月发放的十马克生活。为的是让工人知道，自己严格要求大家，不是为了钱，是为了工厂的前途。

1986 年 5 月，格里希被授予在华永久居留权资格，成为来到武汉的外籍人士中获此荣誉的第一人。

1986 年 11 月，格里希离任。

1987 年 5 月，经中华人民共和国教育部批准，格里希受聘为武汉大学荣誉教授。

1987 年 7 月，联邦德国政府授予他联邦十字勋章。

1994 年，武汉市政府授予他"黄鹤友谊奖"。

"百年计"壮志难酬

"当我最后一次从武柴工厂的大门走出来时，我的心情是很不平静的。武柴已成为我的第二故乡。它是不可能在我的生活和记忆中轻易地抹去的。"

1986年12月的一天，在离开武柴半个多月后，在跟时任国务院副总理姚依林和国务委员张劲夫的见面中，格里希说出了对武柴的留恋之情。

回到德国后的格里希，仍然心系他的第二故乡，此后十几年多次回到武柴。他在中国的足迹，还遍布北京、上海、海南、内蒙古等地，受邀为政府提供工业发展咨询、为企业做技术指导。

不过，1992年邓小平南方讲话之前，武汉并没有像沿海城市一样大力引进外资、对外开放。"对外开放会倒逼改革，没有开放就缺乏改革的动力。"武汉大学区域发展研究院院长伍新木说："后来与沿海城市相比，武汉的改革开放滞后了十几年。"

武汉市体改委在1992年的一期《湖北社会科学》上，发表三论武汉市改革开放："在这几年的改革浪潮中，武汉在全国的'率先'不见了，翻开报纸，看到的是徐州、珠海、重庆率先……苏州、无锡，越来越多的城市超过来了，武汉工业产值的位次下降了十几位。形势逼人，形势催人，事实在向我们惊呼：武汉不加快改革的步伐，必将成为'沉舟'！"

在这个国家老工业基地，改革的放缓，开始推倒国有企业倒闭的"多米诺骨牌"。武柴所在的古田工业区，分布着大大小小一百多家工业企业，曾是武汉最重要的工业区之一，此后数年间，其中绝大多数被破产潮席卷而去。

武柴也未能幸免。

格里希在任期间执着于保证产品质量，一些员工却认为武柴作为农机骨干企业，其产品在当时的国内市场是"皇帝的女儿不愁嫁"，格里希大火："我的目标是国际市场！"这是中国企业最早苏醒的国际标准意识，这位"精益求精、一丝不苟"的德国老人在为武柴做"百年计"。

但是1986年11月，格里希苦心经营起来的质量检测体系，因为格里希的离任，立即名存实亡。退休职工陈昌池回忆，格里希走后，工厂质检人员虽然还穿着红衣服，但管理权威已名存实亡，武柴产品质量急剧下滑。

1987年，厂里有一批产品质量较差，质检部门认为应该返工，但厂领导觉得用户反正急于求货，无须重来。

1988年4月，洛阳拖拉机厂订购一批柴油机。当武柴将精心挑选的十多多台样品送上检验台时，全部被检验为不合格，送上去一台，被丢一台。

1990年上半年，东南亚国家向武柴订购一批产品。质检部门认为，产品质量不行，不能出口。厂领导却说：**"合同时间快到了，即使是豆腐渣也给我弄出去。"结果，第二年，东南亚地区再也不要武柴的产品。**

格里希当厂长时，除主抓质量，从严治厂外，还提出"减员增益"的企业改革方案。他说："武柴如果减掉三分之一的人员，我保证生产效益能跃上一个新的水平。"他提出过减员的办法，即分流一个人出厂，就付给一万元的安置费。但这一改革当时根本就行不通。

格里希早就提出要打破"铁饭碗"，1985年初，他提出结构工资制之时，反对的意见很多，一些老工人说："我们身强力壮时拿的是低工资，现在老了你却讲按劳取酬，我们想不通。"格里希一卸任，这一工资制度就烟消云散。

"格里希是一只早叫的'洋公鸡'，"一位资深记者这样说，"他的那一套改革办法与我们今天国有企业推进的改革方向完全相符，只是早提了一些年，但在那时实施起来阻力重重。"

1993年，武柴开始出现亏损，到1998年已经完全破产，职工下岗，资产重组，工厂设备也在几年内被卖完，清厂交地，并按照武汉市的政策安置武柴原有员工。

格里希为之深情奉献的武柴至此不复存在。

如今，格里希留在武柴的痕迹，只剩下三栋职工宿舍，那是他为职工们所谋的福利。格里希在任时看到职工人均居住面积只有2.5平方米，他说"我的心在流血"。他拿起笔给中央领导写报告，最终解决了一百六十多户职工的住房问题。

可以告慰格里希的是，三十多年过去了，如今，中国正在从世界制造大国向制造强国迈进，武汉吸引了来自全球的优秀人才，外国人担任企业高管不再罕见，人们更习以为常的是，企业里有了越来越多的"洋雇员"。

现任东风格特拉克汽车变速箱有限公司副总裁的拉尔夫·巴比安来自德国，他说，自己从小就梦想来中国工作，2017年从上海调到武汉并担任高管，感到在武汉找到了最好的工作前景和生活方式。

在武汉三牛中美中学负责管理工作的美国人约翰说，同事里很多都是来自各个国家的人才，大家交流发现，几年前，多数人可能会更多考虑在国外或北上广深发展，但今天，武汉的国际化氛围已经不逊色，是值得去拼搏的地方。如今，他已经和妻子儿女定居武汉，孩子也在武汉接受教育。

一座城市的深情守望

1986年，威尔纳·格里希卸任回到德国。

"他再也与中国分不开了。"格里希的儿子伯恩特回忆说，"父亲依旧通过各种渠道与中国、与武汉联系，他在武柴的经验被全中国的国企推广。后来，他还多次去武汉为武汉液压机械厂等数家企业牵线搭桥，出谋划策，寻求合作伙伴，争取生产订单。"

2000年6月，格里希在夫人的陪同下最后一次访问武汉。这位81岁的老人，身体已经大不如前，从飞机座位上起身，都需要别人搀扶。

武汉的变化让老人欣喜不已，几次提出要看看武柴，陪同人员都以在修路等原因婉言挡开话题，人们实在不忍心格里希看到破败的武柴而伤心。

武柴，成了格里希再也回不去的第二故乡。

"这位可敬的德国老人为武柴鞠躬尽瘁，在一个非常时代用他的才智、胆略和责任心，把西方先进的经营管理模式与中国企业成功嫁接，拉开了中国企业界国际化人才管理的序幕。这在我国'引智'工作的历程中首开先河，成为一个里程碑，一个坐标。"湖北一家都市报在一篇报道中这样评价格里希。

格里希治厂精髓是以市场为核心的管理体系，他反复强调要以国际市场的高标准来促进产品质量的提高。武汉名牌经济研究中心主任李鑫炎教授说："格里希当初提出的'厂长负责制、岗位责任制、产品名牌制'等建议，即使放在今天，也具有非凡意义。"

正如朱镕基总理给《格里希在武柴》一书的序中写到："我们应该学习他不图安逸，不远万里来到中国，忘我地为武柴工作的奉献精神；学习他从细小而关键的事抓起、说到做到、一抓到底的求实精神；学习他严于律己、永不满足、一丝不苟、认真负责的精神；学习他时时处处精打细算、勤俭办厂的精神。"

2003年4月17日，格里希在德国米尔豪森市去世。两年后，为了纪念格里希，武汉市制作两尊格里希铜像，一尊坐落在汉正街都市工业园，另一尊赠给了杜伊斯堡市。

和格里希一起工作过的武柴党委原书记谢长钦，会常到都市工业园来看看。时隔多年，铜像上格里希的目光依然坚毅。"威尔纳·格里希，1984年至1986年担任武汉柴油机厂长期间，忘我工作，大胆改革，为中国企业改革，增进中德人民友谊做出重要贡献。"谢长钦站在的铜像前，边默念着铜像上镌刻的话，边坚定地说，"从活生生的现实来看，我们国家应该开放，而且要大大开放，我们现在生活好了，还是应该归功于改革开放。"

格里希与中国武汉这段情缘，也深深影响了整个格里希家族。

"自从父亲去了中国之后，武汉就成了我们谈不尽的一个话题。"伯恩特说，"直到现在，整个家族对于中国和武汉的新闻都特别留意。"

在伯恩特看来，父亲更大的影响，是在整个西方世界，打开了一扇重新认识中国的窗户。

"父亲好像是投向西方的一颗石子,激起浪花,引人看向中国。后来,越来越多的外国人走向中国,中国人走向世界,双方开放市场,交换技术。中国改革开放四十多年,从观念到实践,从树立典型到普遍推行改革。中国取得了世界独一无二的发展速度,而不可否认,全世界也都从中国的改革开放中得到了益处。"

也许在今天对我们来说,继承格里希的精神遗产,才是缅怀这位德国老人的最好方式。

音乐欣赏

歌曲《长城谣》

杰克·佩里
打开伦敦与北京的商贸大门

从英国伦敦到中国北京有多远？

如今坐飞机大概只需九小时就能够实现。

时光回溯一甲子，有一位英国商人，他从伦敦来到北京走了两个星期，他把生意从英国做到中国，却花了整整三年时间。

由此，凿开了西方国家对华贸易封锁的"冰层"，打开了中英贸易的大门。

这位英国商人叫杰克·佩里。

1950年，新中国刚刚成立不久，世界冷战大幕已然拉开，朝鲜战争爆发，以美国为首的西方国家对中国展开了贸易封锁。三年后，时任伦敦出口公司董事长的杰克·佩里带领一批英国工商界人士，克服重重困难，率先打破西方国家对中国的封锁，与中国开展商贸往来，并签订了西方商界与中国的第一个贸易协定，他们也因此被称为中英关系的"破冰者"。

翌年，包括伦敦出口公司在内的48家英国公司创立"英中贸易48家集团"，架起了英中贸易的桥梁。

斯蒂芬·佩里

1991 年该集团更名为"英国 48 家集团俱乐部"。

杰克·佩里祖孙三代一直致力于改善中国与西方关系，尤其是在中英关系方面做出了卓越贡献。

"佩里"，如同一个老字号品牌，贯穿于中英 70 年来合作之路。

剪不断的中国情

1915 年，杰克·佩里出生于伦敦东部贫民区的一个犹太人家庭，其父母原居波兰，由于受到纳粹的残酷迫害，他们流浪到了英国。

墨索里尼曾说："20 世纪是法西斯世纪。"

1936 年 10 月 4 日，十万多名抗议者聚集在英国伦敦东区的电缆街。他们想要阻止奥斯瓦尔德·莫斯利的支持者——5000 名"黑衫军"在当天穿过街区。虽然在游行时，伦敦警察试图扫清障碍，为法西斯开一条路，但想要阻止游行的反对者们却毫不退让。情急之下，百般无奈的莫斯利选择让步，解散了参加游行的"黑衫军"。

参加抗议的杰克·佩里倍感自豪：他们认为，自己和自己的非犹太人邻居并肩作战，把法西斯赶出了东伦敦。

也就是在这次抗议活动中，杰克·佩里第一次受到马克思主义思想启蒙，并逐渐成为共产主义者。渴望自由平等、同情弱者和不屈不挠的品质，早早在杰克·佩里的性格里形成。

杰克·佩里小时候患有严重的哮喘，14 岁因贫困而辍学，15 岁便开始在一家服装店打工，21 岁和妻子订婚后开始创业，成立了第一家属于自己的服装公司。

然而好景不长，1939 年二战全面爆发，杰克·佩里不得不在一片轰炸中将生产线转移。战争结束后，技术和品牌优势使他在行业中占据先机，重组后的服装集团一枝独秀，他的生意也愈发如日中天。

中国不会忘记

生活富足的杰克·佩里徜徉在伦敦的街头，塔桥、本初子午线、大英博物馆……他想去哪儿，抬脚便到。

然而，杰克·佩里无心领略伦敦的绚丽和风情，他思索着脚下这个都市的前世今生。伦敦是英国的心脏，这个曾经统治了地球近四分之一土地的帝国，始终牢牢紧系着世界经济的脉搏。

1949年10月1日，中华人民共和国成立。杰克·佩里非常敏锐地看到了中国出现的这一束希望曙光。早在新中国成立前，经营纺织业的杰克·佩里就与中国人有商贸往来，新中国成立后，他与中国的合作更加频繁。

然而此时，新生的中华人民共和国正受到以美国为首的西方国家的贸易封锁和政治扼杀，中英关系也因朝鲜战争而转变为对立、冻结状态。

尽管如此，也没能阻挡杰克·佩里的中国情结。在杰克·佩里的家里，浓浓的"中国风"随处可见，各种中国的书籍、照片、老物件，包括在中国已经难觅的初版《毛选》他都成套收集。杰克·佩里十分得意的要数中国画家友人送给他的一幅画——《五子登科图》。他逢人就说："我正好有五个孩子，这幅画的寓意太完美了！"

杰克·佩里毫不掩饰对中国的热爱，他喜爱中国的文化，他也同情新中国的遭遇。

在他眼里，"那时的中国被战争完全摧毁，非常贫穷。中国历史上曾经历数百年的繁荣时期，但是在1840—1949年期间，从欧美列强对中国的占领，到抗日战争，破坏程度是惨烈深重的。新中国刚成立时，经济落后，疾病众多，人均寿命短，当时鸦片和娼妓问题还存在"。当时杰克·佩里身边的所有人都认为他和一个被破坏成这样的国家做贸易，肯定是疯了。

但在杰克·佩里看来，世界经济的脉搏想要强劲跳动，一定需要来自中国市场源源不断的新鲜养分。

他依然深信：**中国必然会在世界舞台上越来越重要。**

"把生意做到中国去"

杰克·佩里做出这样的决定，与一个关键人物分不开。

她叫琼·罗宾逊，但她并非商人，而是剑桥大学著名的经济学者，新剑桥学派的代表人物，在杰克·佩里的"朋友圈"里享有极高的地位，被后人誉为20世纪最杰出的女经济学家。

这位年龄五十上下、身形瘦小的女士非比寻常。她的学生回忆说："那个时候，她可是个'老烟枪'啊！上讨论课时，她没有穿她常穿的巴基斯坦裤子，坐在那儿不断抽烟。但她参加讨论时，又是非常上流淑女的样子，听到一个满头银发的上流社会的女人像大兵一样骂人，还是很令我震撼的！"

1951年深秋的一天，泰晤士河两边桥下各种表演飘出的音乐柔中带刚。

这天下午，杰克·佩里应邀来到了一间英式茶馆，出身军人家庭的琼·罗宾逊和以往一样没有任何寒暄，开门见山地说：**"去开拓中国市场。"**

琼·罗宾逊早在20世纪30年代就开始对国际经济问题进行研究，她生性刚毅不阿且略带叛逆，敢于对主流经济学发起严厉批判。她的前瞻性的经济眼光难能可贵，可在当时并不为多数人接受。

但这次的交谈令杰克·佩里受益匪浅，他认识的琼·罗宾逊是个独特的女性，她不会被外界舆论所迷惑，看到了未来中国对于英国的重要影响力，还提出"打破中西方经贸僵局"这一之前从未有人说过甚至想过的想法。

琼·罗宾逊认为，中国正处于转型期，这有可能还会持续多年，需要对这个行之有效的体制保持信心。她还安慰杰克·佩里：**"不要为了让别人高兴而去迎合，当然，你们从来也没那么做过。你们总是准备好去做对中国而言正确的事情，不管别人怎么说，保持你们自己的智慧。"**

话虽如此，可对于当时的杰克·佩里来说，要全身心地投入这件新的事业当中，就意味着要放弃现在优越的生活。这并不是一个可以轻易做出的决定，这项事业不仅是他一个人的选择，更关系到一个家庭的命运与选择。

开明的妻子支持杰克·佩里，她也明白即便不支持也扭转不了他的决心。杰克·佩里于1951年末正式从公司离职。

很快，琼·罗宾逊就和杰克·佩里等人决定成立类似于英中贸易筹备委员会，他们不仅要把这一想法传递到世界去，还要去参加莫斯科举办的世界经济大会。

在琼·罗宾逊等人的大力号召下，政商两界的人士纷纷表示对此产生兴趣。就在一切看似顺利推进时，几位原本答应出席会议的商人纷纷反悔。杰克·佩里清楚地看到，这背后晃动着美国的身影。

走别人没有走过的路，即便阵痛相生相伴，方向总是在前进。 最初鼓励杰克·佩里走上中英贸易之路的琼·罗宾逊没有放弃他，更没有放弃自己的梦想。

后来，人们把剑桥大学称作"破冰之旅"的起源地。

中英民间商贸第一单

1952年4月，莫斯科的空气依旧冰冷，前来参加国际经济会议的一些国家代表团成员的内心却是火热的。

诚如会议主席团成员、英国皇家学会波以德·奥尔勋爵所言："**我对东方和西方间的贸易问题特别感兴趣。让我们由东方开来满载西方所需物资的车辆，和西方开去满载东方所需物资的车辆，冲破这一'铁幕'吧！**"

杰克·佩里如期参加了寻求东西方经济合作的莫斯科会议，他是英国代表团的秘书长。

就在会议之前，杰克·佩里遇到了他的老朋友、中国代表团秘书长冀朝鼎。他们曾在剑桥大学见过面，当时冀朝鼎是周恩来总理派来的代表、中国著名的经济学家，他们此前就中英之间的贸易有过交流。

老友相见相谈甚欢，杰克·佩里对冷战和中国有自己的见解。冀朝鼎也向他介绍了中国的很多政策，特别是周恩来总理对加强中英贸易往来的一些想法。

令杰克·佩里没想到的是，一周后冀朝鼎再次约他见面。

"你对中英贸易往来有什么了解？"

"我什么都不了解，我就是个手工业制造商。"

"我们需要你，需要像你这样有传统手工业制造背景的人，也需要像你一样了解其中艰难的人。我们也不了解中英贸易，但我们信任彼此。"

简单的对话后，冀朝鼎向杰克·佩里讲起了"愚公移山"的故事，他说在北京也有这样一群"愚公"，坚信中国可以复兴。这个故事折射出中国人民重建中国的决心。杰克·佩里会心一笑："这是一个很有力量的故事。"他也更加坚定了自己的信念——贸易是创造相互依存的黏合剂，可以带来富裕、稳定与和平。

这次会议，中国代表团将英国视为打开欧洲市场的突破口，杰克·佩里也力促组成英国商业代表团访华。在双方初步接触过程中，杰克·佩里以及团队里一些英国商人开始萌发了跟中国做生意的念头。

只是没想到，念头很快变成了现实。

1952年4月8日，中英双方签订贸易协议，交换数额为双方各1000万英镑，其中英国出口的纺织品高达三成。

5月4日，在北京兴盛胡同一家招待所，部分出席莫斯科国际经济会议的代表团成员举行会议，宣布成立中国国际贸易促进委员会。委员们公推冀朝鼎为秘书长。

但要从英国进口纺织品,还缺一名英国的执行人。杰克·佩里显然是最为合适的人选。

当年7月,杰克·佩里来到了英国老牌纺织业中心布拉德福德市,他并不懂羊毛业生意,而且对这个地方非常陌生。

在布拉德福德市中心,曾经熙熙攘攘的人流见证着这座羊毛交易大楼的繁荣。在它旁边便是一家有着一百二十多年历史的绅士俱乐部,只有穿着正装的会员才能进入。但就是在这里,一个不被允许谈生意的上流娱乐场所,杰克·佩里瞄准了本地的羊毛商肯尼斯·帕金森先生,并和他悄悄谈起了一笔如今看来至关重要的生意。

关于这笔羊毛生意,中方的支付能力却令肯尼斯·帕金森举棋不定。这时,中国银行伦敦分行给出了信用凭证,杰克·佩里也以自己的公司作担保,犹如一颗定心丸抹去了这位羊毛商的疑虑。

几经周折后,订单交易终于成功完成。

消息就像长了翅膀一样传得飞快,当地其他羊毛商也蜂拥而至,不仅促成了这次中英贸易,也为当地羊毛业带来新的生机,布拉德福德曾一度被称为"世界羊毛之都"。

充满艰辛的"破冰"之旅

新中国成立之初,英国就在西方国家中率先承认中华人民共和国,并采取了与它战后的重要盟国美国不同的政策——"保持一只脚在门内",寻找继续在华贸易的可能性。

在冰面之下,民间往来从未中断。杰克·佩里感到时机成熟了,如果先前的羊毛交易是试水,那他准备捅破那层薄冰。他认为西方国家对中国进行经济封锁是不公平的,他要去访问北京。

杰克·佩里向老朋友冀朝鼎袒露心声,他在信中说:"我一生有两大愿望,一是打破对中国的封锁，二是促进英中贸易发展；我还有两份爱，一是我爱我家，二是我爱中国。"

冀朝鼎诚恳地回复他说："我不想糊弄你，你如果选择和我们合作，一定会遭受很多的谴责，无论是在政府还是在媒体层面，这是你需要做出的抉择，你是否想成为历史的一部分。要知道我冀朝鼎跟你说的都是关于可预见的未来的肺腑之言，当然你也可以选择不那么做，决定权在你。"

杰克·佩里做出了自己认为这辈子最明智的选择。1953年，当杰克·佩里宣布要去中国时，他的家人都不赞成。杰克·佩里理解家人，当时正值朝鲜战争，西方掀起反华浪潮，加之从英国去中国的旅途充满艰辛和危险，从伦敦要先经香港才能到北京，何况当时中国还被英国政府视为敌人。尽管如此，杰克·佩里还是毅然决然地要到中国去，为此他还放弃了稳定的工作，甚至有一两年的时间，他几乎失去了经济来源。

他不到五岁的儿子斯蒂芬·佩里当时还不懂家人的担心意味着什么，但他从父亲坚定的眼神里看得出，父亲要去一个遥远的国度，一个他喜欢的国家，一个值得去的地方。

这年的夏天又闷又热、又潮又湿，杰克·佩里和其他15名英国公司代表组成的先遣团正准备坐上飞机，经香港转飞北京。但在上飞机前，却遭遇了英国政府和媒体的阻碍。然而，他并不在乎这些。到达香港后，杰克·佩里甚至发现，不论他走到哪里，都有美国人在暗中跟踪他。

这时，北京方面通知让杰克·佩里先于大部队出发，前往北京。在香港轮渡上，从未经历过中国南方湿热梅雨季的杰克·佩里，经历了这一辈子中最难受、最令人窒息的24小时，也第一次无比真切地感受到了中英文化的冲击。杰克·佩里和接待他的冀朝鼎踏上这艘载有上千人的轮渡后，人们在甲板的中央给他俩放上两把椅子，使他仿佛置身电影院的中央。

然后这些依然挨着饿的穷人给他们送来食物，冀朝鼎解释说："你是我们这里远道而来的客人，他们希望给你食物，如果你不吃，他们会觉得你瞧不起他们。"这些热情、谦逊、贫穷的东道主，颠覆了杰克·佩里以往对中国的全部认知，他十分感慨："这就是中国人的方式！"

好不容易走下了轮渡，迎接他的又是另一段漫长的旅程。这一趟长途火车，车厢里拥挤嘈杂，旅客们纷纷好奇地打量着他这个外国人，始终报以新奇和友善的微笑。

很快，杰克·佩里就与大家打成一片，听他们讲万里长城、故宫，还有多如牛毛的胡同，杰克·佩里发现中国人其实很真诚，很好打交道，也正是从这些旅客口中，杰克·佩里开始理解了农村解放、土地改革和新中国政府，理解了这些贫苦的人民为啥这么开心。

几天的颠簸后，杰克·佩里抵达北京。"这是一段艰难的旅程，路途不但遥远艰辛，而且充满危险。当时从伦敦到香港就花了七天，从香港到北京又花了好几天。"后来，杰克·佩里总是忘不了这段"破冰之旅"。

第二天，杰克·佩里代表团便马不停蹄与中方团队见面洽谈，在此之前他们初步确定药品、机械，电信交通设备和中国出口品等作为谈判和交易的商品类型。7月6日，这群来自英国的工商界精英与中国国家进出口总公司签署了金额高达3000万英镑的贸易协议。一年内各方将尽力达成最低1500万英镑的出口额。

这份协议里写道，中国将出口茶叶、菜籽油、丝绸等农副产品，而英国方面则将出口羊毛、金属、化学药品等非战略物资，打破了美国的许可证制度，在具体执行交易时有意弱化这些处于管制品灰色地带的商品名称，使这些重要物资得以进入中国。这份谈判合同对于当时的西方贸易封锁而言是最大的突破。

这一重磅"炸弹"引发了英国及欧洲多地的热议，唯有世界另一头的美国陷入了沉默。

翌年，在杰克·佩里的影响下，"48家集团"重返中国，正式开启贸易商谈，他们被称为英中关系的"破冰者"。

"对中国来说，英国大概是欧洲第一个向新政权伸出橄榄枝的国家。"杰克·佩里说，对华贸易民间渠道的开辟，让英国国内嗅到了机会和竞争，也的确为英国调整对华管制政策奠定了基础。

"破冰者"们的不懈努力换来了中英关系的松动和改善，1954年，两国建立代办级外交关系，1972年又升格为大使级。

帮助中国——不变的信念和使命

当你来到斯蒂芬·佩里家做客时，他肯定会友好地问你"你们要喝点什么茶，中国茶还是英国茶？"

"我的成长与中国息息相关。"斯蒂芬·佩里说，在当时特殊的历史背景下，与中国的密切关系让杰克·佩里一家遭遇不少误解和孤立，然而这一切并未影响佩里家族与中国的深厚情缘。

斯蒂芬·佩里很小的时候，与住在同一条街上的一个美国小男孩关系非常要好，他们经常在一起快乐玩耍，但这个美国小男孩的父母却从来不和斯蒂芬·佩里的父母说话。直到斯蒂芬·佩里懂事后才慢慢明白，**"随着家里和中国开展商贸往来，我们和西方国家的关系也随之破裂。我们遭到孤立，周围的人都在议论我的家庭。当时我还只是个孩子，这对我来说很不容易。"**

要知道，在20世纪50年代，那些像杰克·佩里那样坚信中国将重返国际舞台的人们，在西方国家处境非常艰难，"破冰之旅"在英国议会下院遭到抗议，在英国媒体中也饱受批评。美国因为佩里家族与中国的商贸往来，停止了与他们的全部生意，甚至在1956年至1971年长达15年的时间里禁止杰克·佩里入境美国。

当时，尽管遭到质疑、排挤，以杰克·佩里为代表的"破冰者"们仍坚持致力于发展中英经贸。"商业利益只是让父亲开启'破冰之旅'的其中一个动力，帮助中国的发展建设才是贯穿始终的，那是他不变的信念和使命。"斯蒂芬·佩里说道。

20世纪50年代末到60年代初，中国经历了严重的饥荒，"48家集团"帮助中国从加拿大和澳大利亚购买了很多小麦，而在那时这些国家还未与中国建交。

苏联同中国关系恶化之后，杰克·佩里毅然选择了中国，他觉得这并不是一个艰难的选择。

杰克·佩里说，除了商贸机会，中国从来不从他这里索取什么。但是苏联更想插手体制上的事情，比如贸易联盟。他认为，中国通过对商贸合作的重视向外界表明，中国正在一步步远离战争，争取更大的发展。这与他自己的想法不谋而合：多一些商贸合作，少一些战争。

斯蒂芬·佩里记得中国政府非常重视他的父亲，以及"48家集团"。1968年，中国只向17名英国人签发了入境签证，而杰克·佩里公司就占了十名。甚至在"文革"期间，仍然为杰克·佩里等大开方便之门，帮助他们去做生意需要去的地方。

这段中英贸易历史里的隐秘插曲，不仅仅倾注了杰克·佩里等"破冰者"们的一腔孤勇。其实当时英国政府的态度是矛盾的。因为香港，英国希望和中国保持良好的关系。而迫于美国压力又要对中国予以制裁，这会破坏和香港的关系，损失很大，所以英国政府也愿意看到有人率先打开和中国合作的大门。

杰克·佩里幸运地拿到了打开大门的"钥匙"，在担任伦敦出口公司董事长的四十余年里，他到中国访问达76次之多。历史机遇的交汇点聚焦到了他们这些"破冰者"们身上，乃至他们在包括1966年周恩来总理与艾登首相的会面、1972年中英建立大使级外交关系中都扮演了重要角色。

杰克·佩里自豪地说:"这也是我们这一辈人'破冰'的意义所在。"

中美贸易"破冰"功臣

1971年,对于杰克·佩里来说意义同样非凡。

这年4月的一天,杰克·佩里突然接到美国驻伦敦副总领事打来的电话,说可以给他发放赴美签证。杰克·佩里接到电话后兴奋得半天才缓过神,这一刻他等了足足15年,放下电话就迫不及待就跑到美国领事馆,前后不到20分钟就拿到了赴美签证,他们一家要去美国与阔别已久的亲人团聚。启程前,他还特意约见了当时的中国驻英国大使征求意见。

这一年,美国总统尼克松正式签订废除对华禁运政策,并且将要访华。

这个消息同样令杰克·佩里深感震惊,尼克松访华给西方世界一个信号,他们意识到和中国的关系要开始转变了,二十多年来中美双方剑拔弩张的敌对态势出现了转机。不久,杰克·佩里便接到华盛顿商务部的访问邀请,分享一些关于对华贸易和中苏关系的见解。

杰克·佩里没想到消息会来得这样快,难怪这一年中国一些官方人士多次找上门来,想通过他在美国寻找供应商。早在这之前的1968年,一些美国人士也在伦敦开始接触他,并向他了解中国的有关情况及如何与中国发展关系。原来,他们准备在尼克松访华实现之后的第一时间与美国展开贸易关系。

1972年2月,尼克松总统访华,杰克·佩里参加了访问团,他还带上了24岁的儿子斯蒂芬·佩里。

"我第一次去中国是因为尼克松总统访华,他们需要我们帮助介绍中国。我的第一份工作就是帮中美准备具有'破冰'意义的商贸协议,这令人非常激动。"回忆起第一次踏上神往的中国大地,斯蒂芬·佩里至今难掩内心的兴奋。

在他们搭乘的飞机上,恰巧有前往中国访问的马耳他总理。当飞机在上

中国不会忘记

海机场降落时，欢迎马耳他总理仪式上的鼓声让对中国仍然陌生的斯蒂芬·佩里"感受到了中国能量与热情"。他还看到了广袤的田野和辛勤劳作的农民，更感受到了中国未来发展的蓬勃动力。

在这次访华旅行中，杰克·佩里还带着儿子去了广交会，属于佩里家族的"伦敦出口公司"把美国的聚酯纤维、棉花、肥料卖到了中国，促成了美国和中国之间最早期的一些贸易合同。斯蒂芬·佩里非常自豪地说："我和父亲一样，也算是中美贸易的'破冰者'。"

短短几周的访问，斯蒂芬·佩里对中国感触颇深，他更能体会到当初父亲坚持来中国的执着热爱。要回英国时，他从深圳拖着行李穿越大桥前往香港，突然感到依依不舍。他停下脚步，回望这片古老大陆，流下了滚滚热泪。"我承认，我被中国牢牢地吸引住了。"斯蒂芬·佩里说道。

尼克松访华结束后，2月28日中美双方签订了《联合公报》，标志着两国关系正常化进程的开始，为以后中美关系的进一步改善和发展打下了基础。就在尼克松访华后两年，英国首相希思正式提出互派大使，其他国家纷纷效仿。中国遭到孤立和封锁的局面被全线打破，新的世界格局正在到来。

时光荏苒，在新中国蓬勃发展、中英关系不断变化发展的岁月里，杰克·佩里和他的中国朋友们逐渐老去，但他的一颗"中国心"愈发年轻，他和中国的故事还在延续。

年近七旬的杰克·佩里还欣然受邀担任对外经济贸易大学名誉教授，向学生讲授"国际贸易"课程，受到学生们的好评。杰克·佩里在其所著书籍《从伦敦小巷到紫禁城》中，也详细讲述了在经贸大学任教的这段经历，并称"很享受在大学的时光"。1989年杰克·佩里来北京进行商务旅行时，再次回到经贸大学举办讲座，并给学生上辅导课。

1994年，杰克·佩里在家中去世，安息在伦敦北部一处静谧的墓园中。

遵从他的遗志，墓园里没有墓碑，这位中英关系发展进程中里程碑式的人物并没有给自己留名，但对于斯蒂芬·佩里来说，父亲帮助他确认了人生方向，在他心中留下了不可磨灭的印记。

"破冰者"代代相传

中国的改革开放，也使斯蒂芬·佩里这个"先行者"大有作为。自小跟在父亲身边耳濡目染的他，继承了父亲的商业头脑，成为中英贸易浪潮中的一员。佩里家族企业积极开展与中国的进出口贸易，在中国成立了合资企业，设立了工厂。

斯蒂芬·佩里不仅延续了上一辈的事业，还延续了父亲对中国的情感。

他清楚记得父亲在1992年时提出要他负责"48家集团俱乐部"工作的情景，他的主要任务将是在英国介绍中国，阐述中国立场，尤其是在香港问题上的立场。

"爸爸，如果这样做的话，我会在英国成为不受欢迎的人，首相不会喜欢我，港督不会喜欢我。"斯蒂芬·佩里表达了自己的担忧。

"我过去是这么做的，你将来也要这么做。"杰克·佩里说。

就这样，斯蒂芬·佩里在父亲去世那一年成为"48家集团俱乐部"主席，接手了促进中英关系的事业。他在英国向社会各界解释，香港回归中国是大势所趋，难以阻挡，英国需要与中国合作。他还在伦敦自掏腰包举办了500人的午餐会，邀请中国驻英国大使阐述香港问题立场。

1997年7月1日，斯蒂芬·佩里受邀出席了香港政权交接仪式。"很荣幸，我见证了历史。"

在那一时期，"我确实成为不受欢迎的人"。尽管如此，斯蒂芬·佩里还是首次将英国足球俱乐部介绍到中国，并成为将西方音乐剧引进中国的第一人，努力促成了安德鲁·韦伯的音乐剧《猫》在中国首演……

中国不会忘记

斯蒂芬·佩里先后二百多次到访中国，亲眼目睹了中国日新月异的发展变化。西方国家对中国的猜疑、误解，甚至打压、遏制的"冰层"，一直是客观存在的。但中国始终坚持改革开放，全力以赴谋发展，步伐从未动摇。伴随着中国改革开放的步伐，"48家集团俱乐部"的队伍也在不断发展壮大，机构和个人会员总数超过600名。他曾经的预言成为现实："中国会回来的；如今我们说，中国已经回来了。未来，中国将成为这个世纪全球最大的市场，英国应该努力参与到这个市场中来。"

2013年，"一带一路"倡议提出后，斯蒂芬·佩里率先成为英国第一批从政策和经济等领域多方位研究"一带一路"的学者。尽管年过七旬，他仍然精力充沛，每天都要花五个小时以上看有关中国的文章，关注和研究中国的发展与变化。他时常说："对于外国公司领导人和外国政治家来说，如果他们想知道坐在谈判桌对面的中国企业家或中国领导人在想什么，他们就得理解'一带一路'以及中国企业和中国经济的转型。"

在"破冰者"首次中国之行65周年之际，斯蒂芬·佩里再次来到北京，在步入人民大会堂的那一刻，斯蒂芬·佩里感到父亲的形象忽然涌上他的心头："第一批贸易'破冰者'所面临的困难是难以想象的，特别是在当时西方对中国仍存敌意的情况下。"

改革开放40周年，斯蒂芬·佩里被授予中国改革友谊奖章，习近平主席接见并称赞他为"中英友好的传承者、中英经贸人文交流的促进者"。

"经济全球化是历史潮流，长江、尼罗河、亚马孙河、多瑙河昼夜不息、奔腾向前，尽管会出现一些回头浪，尽管会遇到很多险滩暗礁，但大江大河奔腾向前的势头是谁也阻挡不了的。"他非常赞同习主席的这段话。

2006年，温家宝总理访英期间接见了斯蒂芬·佩里，谈到至今仍有一些遗留问题不容易被忘记，但中英友好要继续向前发展。他当时问总理："怎么做才能跨越最后的屏障呢？"温总理对他说,也许答案要留给年青一代了。"我们考虑了两年,决定成立'青年破冰者'组织,继续48家集团的事业。"斯蒂芬·佩里说。

2008年5月1日,"青年破冰者"组织正式成立。

斯蒂芬·佩里的儿子"小小佩里"——杰克·佩里正是"青年破冰者"的主席,这个沿用了祖父名字的年轻人也继承了家族的"破冰"使命。斯蒂芬·佩里认为,必须从文化的角度来理解"破冰"这个词的含义——它指的不是一场冷战,而是打破无知和误解的坚冰,这才是"青年破冰者"的意义。

"佩里"这个姓氏已经成为中英"破冰"的代名词。他们一家三代"破冰者"见证了中国的发展、开放和崛起,他们伴随着中英关系"黄金时代"的号角继续"破冰""融冰"。

多年前,在斯蒂芬·佩里生日时,一位中国外交官写了一首诗祝贺,其中有这样一句:"承秉破冰志,风云一片心。"

这可谓是佩里一家人的真实写照。

音乐欣赏

歌曲《松花江上》

裴如意
瑞典奶奶的"中国梦"

裴如意,一位地地道道的瑞典人,却有着一个中国名字。

因父母在中国开展慈善事业的缘故,裴如意出生在河南一个叫渑池的地方,从此她便与中国结下了不解之缘。

12岁那年,裴如意回国后,总觉得日子并不"如意",她依恋中国、思念中原,在她的心底珍藏着一个悠远的"中国梦"——重回故乡中国。

半个多世纪后的一次巧遇,裴如意结识了来自中国的留学女孩,揭开两国祖辈三代跨世纪情缘;2016年,裴如意跨越八千余公里如愿回到河南,踏上儿时这片温暖的黄土地。

再见故人,恍若隔世,老屋、古树、一碗红薯汤、父亲的大木箱……处处埋藏着儿时的记忆,不管岁月多么漫长,千山万水都隔不断真情。

重回河南,裴如意激动地环抱着一个大地球仪,一手摁着瑞典的位置,一手摁着中国的位置,两个遥远的国家,被老人紧紧牵在一起。

这是两国人民超越时空的真挚情感,从历史中走来，走向久远的未来，也永不消退、难解难分……

如今，年过八旬的裴如意和她的子孙们继承父辈的事业，继续为中瑞文化交流做贡献，讲好中国故事。

挥之不去的中国印记

三门峡、渑池、菜园（现三门峡市陕州区菜园乡）……晚饭后，裴如意又如往常一样独自一人，半躺在客厅的沙发上，用河南腔自言自语。

每晚睡前，裴如意都要默默地念上一遍中国的名字，故乡的名字。她收集了一摞摞旧报剪纸，都是有关中国的大事记。裴如意说，她害怕遗忘，她不敢忘记。

裴如意的大女儿丽莎知道，母亲又在想念那个让她魂牵梦绕了一辈子的故乡。几十年来，她早已习惯听母亲天天念叨那些名字，她知道此刻的母亲又变成了那个叫做"如意"的女孩。

每每这时，丽莎都会倒上一杯水递给母亲，然后挨着母亲坐下，安安静静地听母亲讲述她的"中国故事"，看着母亲布满皱纹的脸上，凝刻在眉心的那一抹乡愁，丽莎的心里也会生发些许伤感。

从丽莎记事以来，母亲总会突然用她听不懂的语言说话，发现没人听得懂又下意识地出神，偶尔还会在没人的时候，偷偷翻出一件中式浅绿色印花盘扣上衣，小心翼翼地拿起在镜子前比画一番，摸摸熟悉的衣料，不停地亲吻、摩挲，然后默默的把它叠好，并用吸水纸包好装进衣柜。母亲逢人便说："这是我离开渑池时穿的一件衣服，不舍得捐出，想留给我的子孙们看看，感受到他们的中国故乡！"

因此，丽莎从小就知道，自己的家和瑞典的其他家庭有些不一样，她们吃饭的桌子上除了刀叉，每个人还会有一双筷子，早餐会有热气腾腾的白粥、烙馍，家里的摆设充满异域情调，客厅里挂着拥有浓郁笔墨气息的中国画，架子上摆着花纹漂亮的中国黑釉梅瓶和粗瓷兔毫碗……还有母亲用红布包裹的、专门让丽莎从河南捧回的几掬黄土,这是她一生中最为挚爱的珍藏和回忆。

受妈妈裴如意的影响,在丽莎很小的时候,中国就成为她心中的一个幻想,一个童话般的梦境。

渐渐地,丽莎仿佛也走进了母亲12岁之前生活的那个叫做"三门峡"的地方,她看见那里有母亲抹不去的成长记忆,还有忘不掉的童年玩伴和数不尽的成长故事……丽莎本以为随着时间的流逝,那些古老的故事会随着母亲一起老去的记忆逐渐淡化,可对于裴如意来说,在这样久远的时空里,那份记忆却愈发倔强、清晰,那份情感愈发炽热、浓烈。

"那里是她的故乡,有她思念的人,有她热爱的一切。"丽莎知道,"三门峡"是母亲一生放不下的眷恋,"如意"是母亲今生都不会更改的中国名字。

百年情缘,血浓于水

没有无缘无故的爱。在裴如意看来,这份对中国河南的情缘,不仅因为她生于斯长于斯,也因为她父母曾经在这里留下青春、洒过热血、播种善爱。

这份浓烈的情缘,早在100年前从父辈起便播下种子,生根发芽。

1908年,裴如意29岁的父亲是名瑞典牧师,他放弃衣食无忧、舍弃和平安宁,来到兵荒马乱的中国甘愿做一名传教士。

裴如意的父亲一来到中国就投身救助灾民,帮助羸弱无依的妇女、儿童,由于过度劳累,他不得不回国接受医疗护理。三年后,他再次回到中国,没多久便与一位瑞典姑娘结婚。

因为战乱,裴如意的父亲一家四处奔波、居无定所,他们先是在山西运城定居,然后又转移至河南陕县(如今的陕州区),接着又在河南小山村菜园度过了相对安稳的几年,离开中国前的最后几年,他们一直生活在渑池。

1933年,裴如意就出生在渑池。她的弟弟、妹妹也都出生在中国,分别叫裴满意、裴乐意。

裴如意的记忆是从陕县开始的,其中大部分记忆的片段伴随着战争。在1937年到1945年间,中日战争时,陕县城外黄河南北两岸炮火连天。

一天夜晚,村庄收起了白日的喧嚣,辛劳疲惫的村民也早早进入了梦乡。突然,阵阵爆炸声打破了寂静的夜空,有一枚炸弹就在裴如意家附近爆炸,她能清晰地听到子弹从房顶"嗖嗖"飞过的声音。惊慌失措的裴如意被母亲一把抱起,跑进了防空洞。此后,裴如意家人睡觉经常不脱衣服,以方便第一时间逃离。

裴如意很小的时候,就听村里人说父亲是个大好人,她记得父亲经常去救人、挖防空洞……裴如意的父亲大部分时间都在拜访周围的村庄,去指导和帮助当地的人们。在一些地区,他们还创建了一所学校救助儿童,裴如意的母亲也帮助开设基础健康和儿童福利的课程,并教授孩子们学习英语。

战火不止摧毁了人们的生活家园,还带来了饥荒,到处都是流浪的灾民、骨瘦如柴的老人和小孩,幼小的裴如意并不知道这些人打哪儿来,要到哪里去。只记得,她的父亲经常拿出家里的钱财和粮食去救助他们,母亲看到家门口有讨饭的灾民,总会忍不住流着泪,分给他们一些食物,即便家里只剩一点点粮食……

好人总会有好报。有一次,裴如意的父亲得了疟疾,并多次复发,当时周围的人都认为他命不久矣。但最终在一位中国医生的治疗下渐渐好转,终于捡回一条命。巧的是,在此之前,这位医生的妻子和女儿卫庆荣落难山西运城,幸亏裴如意的父亲前往营救,母女才幸免于难。

在那战火纷飞的年代里,裴如意一家与中国结下了深厚的情谊。

"那真是一段艰难岁月。"裴如意回忆说,尽管如此艰难,她的父母从来没有说过要回瑞典。他们不想离开如此深爱的人们,不管遭遇了什么,活着或者死去。

虽然儿时的记忆中填满了炮火、灾难、逃亡，但那些并没有在裴如意内心深处留下恐惧的影子，反而记下了许多童年欢乐的时光。

裴如意五岁时，在渑池县福音堂的一所女子学校上学，卫庆荣就是她最要好的儿时小伙伴。裴如意第一次上女工课，学习缝制衣服上的盘扣服饰，她怎么也用不好针和线，经常扎破手，卫庆荣就手把手教裴如意穿针、引线，两个人俨然一对好姐妹。放学后，卫庆荣拉着裴如意出去疯玩，她们学男孩子的样子，一起爬树、玩弹弓、抓石子、丢瓦块……裴如意说："我胆子就是那时候练大的。"

裴如意母亲有位中国好朋友叫卞爱玲，她家的地坑院里有一棵高大的柿子树，每到秋天树上便挂满了果实，像一个个红灯笼，柿子香甜诱人。裴如意三姐弟经常在院子里玩耍，裴如意还爬上树摘柿子分给弟弟、妹妹吃。卞爱玲总在树下轻声说："乖乖，乖乖！"

那个年代，裴如意和弟弟妹妹总能吃到卞爱玲做的烙馍、红薯玉米糁汤、汤面条等美味佳肴。

在渑池的日子，裴如意和小伙伴们一起度过了童年很多美好的时光。

然而好景不长，在裴如意12岁那年的一个夏天，天气异常燥热，那里与瑞典截然不同的高温和疾病夺去了很多人的生命。她的母亲也得了一种热带胃病，需要紧急救治。与此同时，日军还在继续侵略，人们开始西迁，裴如意一家被日军警告必须离开。

裴如意的父亲作出了平生最为艰难的选择——回瑞典。

从渑池回瑞典的路途漫长而又曲折，裴如意的父亲带着一家老小，一路向西去了四川，然后转道云南，最后乘坐美国的军用飞机去往印度，几经辗转，回到瑞典已经是一年后。

因为各种原因，归国后的裴如意父母再也没有回到过中国，回到过河南。但是，他们常常教导孩子们记住中国故乡，也常常提及他们救助的中国儿童，他们深深牵挂着那里的那些可爱的孩子们。

裴如意父亲的中文名字叫裴立德，母亲叫裴路德华。至今，河南当地的人们仍然能讲述他们的善义故事，言语里饱含着深深的感恩之情。

一次巧遇，揭开一段奇缘

"我的家乡就在洛阳旁边，名叫三门峡。"

"你刚刚提到的地名第一个字是不是'三'，数字'三'？"

"是的，没错！"

丽莎赶忙打开手机地图指着问："是不是这个位置？"

再次确认后，丽莎特别开心地说："我的妈妈就是在这里出生的。"

2009年9月，在瑞典耶夫勒大学组织的一次茶话联谊会上，身为教师的丽莎从一位中国留学生纪晖口中再次听到了那个母亲重复了无数遍的地名——"三门峡"。

这次，丽莎和新认识的中国朋友纪晖聊得十分投入，完全是因为母亲的缘故。纪晖当即惊讶得说不出话来，也令她没有想到的是，在异国他乡求学还会结识到"老乡"，这让她对瑞典又多了一份亲切感，之后她和丽莎便成了无话不谈的好朋友。

纪晖因此经常被丽萨邀请去家中做客，便相识了这位深藏着浓浓故土情结的裴如意老人。每次相见，裴如意老人都会亲自下厨，纪晖时常打趣地说："你做饭方式很中国化。"裴如意老人笑着说："可能中国元素已经在我的血液里了。"

丽莎告诉纪晖，母亲期望她有机会去中国，一定要去她出生的地方，帮她带一抔故乡的土回来……说者有心，听者更有心。纪晖被裴如意老人对"故乡"的思念之情深深打动，她想努力帮老人圆梦。

时隔三年,纪晖硕士毕业后回国。在和中国社科院仰韶文化研究中心研究员杨栓朝聊仰韶文化时,纪晖说起了在瑞典的这段巧遇和裴如意老人的故事,杨栓朝给了她一些有关瑞典人在渑池的资料和老照片。

2013年10月,纪晖带着照片去找裴如意老人。这次见面,从此深刻影响了二人的人生。

久别重逢,裴如意老人再次见到纪晖时,她笑得像个孩子,她知道纪晖来自她日思夜想的地方,她期望能从纪晖那里得知更多关于那片故土的消息。

随后,纪晖拿出老照片递给老人,她接过照片轻轻静静地看着:"你看,这个是我们当时的报刊,这个是我们曾经用过的书本,这个衣服当时我们都穿,我也有……"裴如意老人不时抬头,难掩激动兴奋之情向纪晖一一介绍照片背后的故事。纪晖看着老人脸上露出如少女般幸福的神情,自己也开心地笑了。

可是,当老人的目光落到一张合影上时,却突然双手捂着嘴巴,眼泪夺眶而出……照片上是一家四口。丽莎惊奇地看着母亲的举动,又看看照片,发现照片里其中一个小女孩,显然就是小时候的母亲。此时的纪晖已经觉察出什么,她随即拨通了杨栓朝的电话,杨栓朝让她问老太太是否记得如意、乐意、满意。听到这三个名字后,老太太喜极而泣:"我就是如意!"紧接着,她急忙拿出笔和纸写下她的中文名字"裴如意"。

早已泛黄的黑白照片,难掩一家四口在一起的温馨。裴如意老人用颤颤巍巍的双手仔细认真地抚摸着照片,一遍又一遍。末了,她指着照片语气激动地告诉纪晖:"渑池,这是在渑池拍的,这里就是我出生的地方……"

照片仿佛将老太太拉回到那个年代,她说那张照片正是她和妹妹还有父母的合影。这下轮到纪晖表情错愕了,纪晖也出生在渑池,虽然早就知道裴如意老人出生在"三门峡",没想到她们俩竟然离得这么近,像是上天注定的缘分。

自此,两人成了"忘年交",纪晖亲切地喊裴如意老人"瑞典奶奶",裴如意老人感觉自己像是开启了"瑞典奶奶"已经尘封的记忆,回忆的闸门一开,怎么都关不上。

聊天中,纪晖试探着问:"奶奶,您还会不会说中文?"没成想"瑞典奶奶"竟然羞涩地连连摆手说:"我不中!我不中!"脱口而出的地道河南腔,又一次在纪晖内心搅起了一圈圈温暖的涟漪。

丽莎在一旁看着聊得甚欢的两人,既羡慕又惊叹:"这真是一场奇妙的情缘。"

后来,纪晖女儿出生了,更令人称奇的是孩子的乳名也叫如意,是孩子外婆起的……

几回回梦里回河南

在中国时,裴如意还不太会说瑞典语,当父母跟她说瑞典语时,裴如意就干脆用中文回答他们,而且是用河南方言。比起家人吃的食物,她更喜欢中国味道,后来父母干脆让她完全吃中国饭了。

刚回到瑞典的日子,12岁的裴如意很是不习惯,无法融入当地的生活,她不喜欢瑞典的学校,不喜欢与同龄人交流,她只想着渑池县福音堂的女子学校,牵挂着卫庆荣、王小软、车素英,还有卞爱玲阿姨……

有好几次,老师找到她家里,裴如意总是躲在母亲身后固执地说:"我不要上学,我要和中国伙伴在一起!"不得已,本该上小学五年级的裴如意,被安排和一年级的小朋友在一起,重新开始自己的学校生活。

聪明的裴如意渐渐适应新的环境后,学习成绩很快名列前茅,并最终顺利考上瑞典的一所国际著名大学乌普萨拉大学。毕业后她成为瑞典耶夫勒大学的一名英语老师,并成家生子。

令人遗憾的是,回国后裴如意一直没能再回中国。直到2002年,她才和丈夫一起回到中国,却因种种原因又匆匆离开,并没有留下多少记忆,未能如愿回到渑池她童年生活的地方去看看那儿的一切。

随着年龄的增长,裴如意想再次回中国看看的愿望更加强烈,出生的故土、儿时的伙伴……故乡的呼唤时常回荡在裴如意耳畔,却只能梦回故乡。

2010年,丽萨来中国旅行,应母亲的要求,当车经过渑池时,她专门停到高速服务区捧了一抔黄土,带回瑞典。裴如意手捧这抔黄土潸然泪下。黄土散发着故乡的芬芳,也凝结着裴如意化解不开的乡愁眷念。

在得知裴如意很牵挂幼时在河南结识的两位挚友,纪晖就托远在家乡的父亲帮助寻找。

遗憾的是,这两位挚友都已过世。但她找到了裴如意的一位故人卞爱玲,同样已是八旬老太太。裴如意当即流下了幸福的泪水,连说"记得、记得"。当得知裴如意的消息时,卞爱玲也显得十分激动,一再询问"她过得怎么样""好不好"……

除了找到一位故人,当年受过裴如意一家帮助的人,也找到了一些,他们纷纷表示想和"恩人"再见面。

为了了却老人的夙愿,纪晖曾打电话给裴如意老人,问是否想再回到家乡走一走、看一看?

"如果有这样的机会,希望能快点实现我的愿望,因为我太思念生我养我的故土了!我现在已经83岁了,不知道还能等多久?"裴如意迫不及待地说。

纪晖了解到裴如意老人的困难,在她丈夫生病去世前,几乎花掉了家里的积蓄,目前重回渑池,费用是个难题……

2015年1月,纪晖与"瑞典奶奶"的故事经《大河报》报道后,多家爱心企业积极与报社联系,表示愿意帮助裴如意老人圆梦。最终,河南蓝天茶业有限公司慷慨解囊,愿意提供全程资助并配备车辆和服务人员,三门峡市外侨办等当地相关部门表示会积极协调帮助,促成裴如意老人的心愿。

那一刻,裴如意仿佛听到故乡的深情呼唤,犹如母亲呼喊在外的孩子回家,

裴如意 —— 瑞典奶奶的"中国梦"

声音柔软而绵长。

那一晚,纪晖更新了微信"朋友圈",称"瑞典奶奶"已经开始加强锻炼身体了,为重返生活过的中国河南做准备,"这成了她在老伴过世之后自己最大的精神支柱"。

少小离家老大回

2016年10月10日,这天是辛亥革命纪念日。

回家——这个裴如意做了71年的梦,终于成真了。

1945年,裴如意离开中国回到瑞典,花了一年时间。

2016年,她再次来到中国河南,乘飞机,坐高铁,用时不到一天。

这一路,她说了无数个"谢谢",似乎也无法言表自己内心的感动。

当高铁徐徐停靠在渑池南站,阳光正好洒在人们的身上,暖洋洋的。

满头白发但精神矍铄的裴如意老人下车后满面笑容,虽然已年过八旬,但是步伐轻快,手里还拉着行李箱,她不时停住脚步,并向四周观望,"这里的一切还是那么熟悉"。

"你还记得我吗?我的小名叫'菊心'。"

"当然记得。"

那是裴如意七八岁时的玩伴车素英,比她小一岁,两双耄耋老人的手紧紧握在一起,久久舍不得放开。车素英说,她现在依然记得和裴如意一起玩耍的日子。"我们经常在一起唱歌,那时候无忧无虑。"

熟悉的土地,熟悉的人文气息,裴如意兴奋得有些眩晕。这时人群中一位90岁的老人在家人搀扶下,走到裴如意跟前,裴如意一眼认出她是王小软,两人见面后立刻抱头痛哭起来。

王小软老人说:"那时候我家里很穷,当年要不是你父母对我们全家的帮助,我就没有今天。"

中国不会忘记

王小软老人还带来许多儿时的照片,她特意拿照片给裴如意看。其中有一张心形照片,照片中一个七八岁的小男孩,梳着中分头,皮肤白净,帅气可爱。照片背面,清晰地写着"学敏的相片,如意存"。但是时间太久,裴如意也记不起照片中的"学敏"了。有人开玩笑:"送心形照片,是不是对你有意思啊?"一句话逗得裴如意老人和大伙都乐开了花。

随后,裴如意迫不及待地来到卞爱玲老人家,院子里又见到了红红的柿子,还有窗花、老桌椅、穿山灶、花轿、磨盘等,这再一次勾起了裴如意心底的记忆。

为了让裴如意重温儿时的情景,卞爱玲老人特意让女儿做了烙馍、红薯玉米糁汤……看着满桌子熟悉的饭菜,裴如意老人好似这些年一直不曾离开中国。她右手拿起筷子,左手拿起一块烙馍,就着咸菜、韭花,然后顺一大口红薯汤……老人陶醉地抿嘴微笑,眼角却淌出泪水,她激动地说:"还是那个味道,在瑞典,我一直怀念家乡的这些可口的饭菜,现在终于吃到了。"

女儿丽莎在一旁,也对这样的饭菜赞不绝口。

在菜园乡南湾村,裴如意老人来到小时候住过的窑洞,在一间屋子里,她见到了一个大木箱子,长60厘米左右,宽和高都在40厘米左右,比现在大号的拉杆行李箱还要厚些。

老人轻轻拂去上面的灰尘,儿时的岁月呼啸而来,她似乎又变回了当年的那个小小的自己。"如意,爸爸回来啦!"如意打开箱子,想钻进去玩耍,被父亲制止……记忆那么清晰,那么温暖,仿佛转身就会看到父亲站在门口的高大身影,然而,再回头已经恍若隔世。

渑池,这块底蕴厚重的黄土地,珍藏着她的回忆,承载着她的骄傲,更深埋着她**丝丝缕缕**的牵念。裴如意老人又特意捧了几抔黄土,她要带回瑞典珍藏。

"非常感谢相关部门和家乡人的帮助,让我圆了回到家乡的梦。我会铭记

这份恩情，并告诉后代子孙，继续为中瑞文化交流做努力。"离开渑池时，裴如意老人依依不舍地和大家挥手告别，许多老人操着河南腔说："以后有时间了再回来，我管饭！"

故乡的山山水水，热情好客的渑池人民，让裴如意老人既陌生又熟悉，既新奇又感慨，但沉淀在她心里最深刻的感触，依然是故土带给她的莫名的温暖和慰藉。

"我的心一直都和中国在一起"

在仰韶文化博物馆，当看到陈列的各种陶器，彩陶上古朴的花纹，珍藏在裴如意老人脑海中的记忆又一次被唤醒了。

20世纪初，包括裴如意父亲在内的多位瑞典友人曾在渑池从事文化交流工作，他们救助灾民，留下了许多动人故事。瑞典地质学家安特生与裴如意父亲是好友，他在渑池仰韶村一次非同寻常的挖掘过程中，发现了中华文明七千年"突突"奔涌的血脉。

裴如意老人的家里至今还留存着父亲的许多书信，书信中记录了日本侵华战争和他父亲与仰韶文化发现人安特生之间的交往，史料价值十分珍贵。

扶着透明的玻璃橱窗，裴如意老人久久凝望着父母当年在渑池工作时的老照片，神情庄重，目光里是一个八旬老人充满温情的爱与哀愁。

在瑞典友好人士史料捐赠仪式上，裴如意老人将随身带来的她父亲在三门峡期间的书信和所拍摄的照片，捐赠给渑池县仰韶文化博物馆。她也接受了渑池县人民政府颁发的"渑池县荣誉市民"聘书。她坚信这是父辈与中国情缘的见证，也是最好的归宿。

裴如意老人说，当她一来到渑池仰韶文化博物馆时，便被这里的外观所吸引："没想到家乡有这么棒的博物馆！希望这些史料能对研究仰韶文化有所帮助，回国后，还会继续整理史料，为中瑞文化交流做贡献。"

裴如意之所以与中国有这么深厚的感情，就是一个字："爱"。

当年裴如意的父母来到中国救济灾民，做慈善事业，舍弃所有，去散播这份爱，也深深地触动着她。

裴如意老人说："我的心一直都会和中国在一起，彼此的爱在无限延续。"

在这次重回家乡时，裴如意还专门走访了三门峡市社会福利院。看到婴儿床上躺着一个个幼小的生命时，她的眼睛立刻湿润了："他们被父母遗弃，真的是太可怜了，还好福利院收留他们，让他们也能感受到爱。"

当福利院教室里的孩子们看到一位慈祥的外国老奶奶走到跟前时，争先恐后地与裴如意老人握手，而老人也不停地面带微笑地说："你们好！你们好！"

看到福利院建得很漂亮，设施也很完善，老人心里很是欣慰，看着孩子们纯真的笑脸，老人更加体会到父母当年的心情："祝福你们，亲爱的孩子，希望你们也拥有爱和幸福！"

这次河南之行，丽莎不但陪母亲到三门峡市福利院看望孩子，还认真仔细收集孩子们和福利院的资料信息，准备回国后争取相关的救助。

丽莎悄悄透露，母亲在退休前每月都会从工资里扣下一些钱捐给当地的一家基金会。这家国际性的慈善组织，曾向河南的商丘、周口等地提供资金，用于救助当地的残疾智障儿童。

其实，早在多年前，丽莎已经兼职当地的一家慈善基金组织，并在2010年专门来到中国走访调查她们救助的孩子们。

而这家基金组织，正是裴如意老人长期捐赠的那家机构。

裴如意从不对外提及，她觉得只要努力行善，心与中国就紧紧连在一起。

在瑞典讲好中国故事

此番回到瑞典后，裴如意不再像之前那样，日日沉浸在无尽的对逝去丈夫的思念中，她的生活有了全新的变化，一趟跨世纪的寻根之旅，让老人再次找到了她的根，她有了新的人生意义。

由于从小在渑池长大，受父亲潜移默化的影响和仰韶文化的熏陶，裴如意对仰韶文化的博大厚重肃然起敬。

父亲曾告诉她，仰韶文化不仅属于渑池、属于中国，也属于世界，要把仰韶文化发扬好，传承好，让全世界共享仰韶文化之光。

直到今天，裴如意老人还和这片遥远的仰韶故土保持着经常的联系。远隔重洋，她还在仔细整理着父母留下的史料遗物，在有生之年，她要把所有与仰韶文化相关的资料继续捐献给她魂牵梦绕的故乡渑池。

而裴如意在瑞典的家也逐渐热闹起来。

她的故事之前经《大河报》报道后，在三门峡当地引起广泛影响。在三门峡市政府赴瑞典开展相关交流时，代表还专门到裴如意家中拜访。裴如意老人熟练地给他们做着家乡饭：汤面条、烙馍、西红柿炒鸡蛋……大家吃着乡味，聊着乡音，畅谈着家乡的新变化，新趣闻。

如今，裴如意频繁地与卫庆荣的女儿视频，关切地询问卫庆荣的病情，给她发送自录的儿时她俩经常唱的歌。

她也会和家乡人们一起网上聊天，互相分享彼此的生活；偶尔应邀去参加一些当地的讲座，讲在中国的故事，讲中国的发展变化……裴如意在不断地用自己的方式丰富着中国和瑞典的文化交流。

而她对中国的这份情结，正悄悄地被女儿丽莎承接。

河南之行，丽莎熟练使用筷子的情景让客人们十分好奇：这个姑娘没在中国生活过，啥时候学的这本事？

这归功于裴如意老人从小教她们用筷子夹菜、吃面条。

丽莎不仅养成了不少中国的生活习惯，也因袭了中国妇女的传统美德——重视家庭、无私奉献。

中国不会忘记

　　为了帮助母亲整理外祖父母的遗物史料，也为了帮助女儿照顾年幼的外孙，现如今，丽莎已辞掉工作，成了典型的家庭妇女。这让很多瑞典当地人不能理解。

　　裴如意老人一家三代，正用绵延的真诚付出，铸就两国人民友好交往的心灵之桥。

　　悠悠天宇旷，切切故乡情。

　　如今，已经88岁的裴如意，家乡话说得快要像小时候一样好了。此刻，她还希望让她的其他儿女、孙子孙女也到中国看看，她想让孩子们都知道，中国是他们的故乡，他们是瑞典的孩子，也是中国的孩子……

音乐欣赏

歌曲《九儿》

吴雪莉
一辈子做中美文化交流的"红娘"

课堂上,金发、碧眼、白皮肤,操着一口地道河南开封腔的外教吴雪莉被学生围住提问。

"老师能给我们讲讲您的国家现在是什么样子吗?"

吴雪莉回答:"我的国家目前正在高速发展,我相信日后会成为世界强国之一。"

台下的学生听得满头雾水。吴雪莉又说,我的国家和你们的一样——中国。

没错,吴雪莉是中国人。每年国庆节,她家门口都会挂起中国国旗,一挂就是半世纪。

20世纪40年代初,美国姑娘吴雪莉漂洋过海来到中国,70年代加入中国国籍,在河南大学执教长达55载。

吴雪莉见证了华夏大地的沧桑巨变,她的身心,她的灵魂,早已跨越太平洋,跨越种族、肤色和语言,变成了一名地地道道的"中国人"。她倾情奉献中国的教育事业,努力当好中美文化交流和增进两国友谊的使者，被誉为"中美红娘"。

"此心安处是吾乡。"如今，96岁高龄的吴雪莉仍留在开封，守着河南大学。她坚定地说："不走了，这辈子就老在这里了。我的骨灰，将来就撒在黄河里。"

缘起：密西西比河岸萌生梦想

暖湿的南部季风吹过密西西比河两岸。

1925年7月，一个金发女婴出生在美国阿肯色州一户殷实的家庭，父亲是位外交官，母亲是世界和平理事会成员，父母给女孩起名叫雪莉·伍德。

雪莉·伍德刚过完三岁生日，美国爆发经济危机，华尔街股市崩盘，全美经济情况一蹶不振、萧条不已。雪莉·伍德全家也四处奔波，她的父亲在哪里找到了工作，家就安在哪里。童年给雪莉·伍德最深的印象是"父母不停地失业、找工作"。

那时，雪莉·伍德上了六年小学，换了七个地方。颠沛流离的生活让小小年纪的她尝遍了辛酸、吃尽了苦头，但好在还有那些永远都看不完的珍贵书籍相伴。

一次，雪莉·伍德被父亲书架上一本由美国著名记者埃德加·斯诺撰写的中国纪实文学《红星照耀中国》深深吸引。此后一连几天，她都窝在书房阅读这部传记，沉浸在这本书中。《红星照耀中国》中对中国的描写以及埃德加·斯诺对中国的热爱，深深吸引了雪莉·伍德。她开始对这个古老而沧桑、有着丰富内涵的东方大国，产生了立体和生动的认知，小小年纪的她就有了东方情怀，雪莉·伍德想去中国看一看，把去中国当成了一个梦想。

13岁的雪莉·伍德成了这部向西方世界第一次系统宣传中国共产党、中国红军、中国革命名作的热心小读者。她一字一句地仔细读着那发生在遥远的大洋彼岸古老中国的新生故事，中国共产党人百折不挠、艰苦奋斗的精神像磁场一样吸引着她。雪莉·伍德带着探索与好奇的心态，开始对中国文化产生了极大的兴趣。

在密歇根州立农业大学读书时，雪莉·伍德又陆续接触了《人类的五分之一》等纪实性名作。这些作品是作者安娜·路易斯·斯特朗在延安和山西八路军总部，采访毛泽东、朱德、周恩来和许多抗日根据地军民之后撰写的。由此，雪莉·伍德同情中国人民、赞同中国革命的感情与日俱增、愈发浓厚。

或许是缘分，也许是天意，雪莉·伍德并不知道这种由书本带来的东方吸引，会使她爱上一个中国人。

大学期间，一位名叫黄元波的高个子中国留学生闯进了雪莉·伍德的视线。

那个年代的中国，国内正值社会巨变时期，封闭依旧的国门在西方社会的长枪短炮下被轰开，一起涌入的除了侵略者，还有那些更为先进的思想与科学技术。为了拯救自己的国家与同胞，千千万万有志之士和中华学子们，开始选择出国留学，发愤图强学习新的知识技术以求回报国家，黄元波就是其中之一。

黄元波对这个漂亮、开朗的美国姑娘一见钟情。雪莉·伍德同样被这个黄皮肤的中国小伙所吸引。为追求她，黄元波经常找机会与她见面，送花、请吃饭、看电影，现在年轻人谈恋爱的招儿，他都使了个遍。当然真正吸引雪莉·伍德的并不是鲜花和电影，而是黄元波身上散发出的独有朴实豁达的气质。在雪莉·伍德母亲和妹妹极力撮合下，二人逐渐燃出爱的火花。

雪莉·伍德容貌秀美，一双碧眼顾盼生辉，颇有几分好莱坞明星的神采。可以想象，不知道有多少小伙子为她倾倒，但她竟然选择和一个黄皮肤的中国人走到了一起。

要知道，那时候一个美国女孩和中国男孩谈恋爱非常少见，更何况他们在认识短短三个月就在当地报纸上刊登了结婚启事，在当时可谓是惊世骇俗。

1945年12月，20岁的雪莉·伍德与中国留学生，后来成为中国"四大生物制药之父"的黄元波喜结连理。

婚礼当天，雪莉·伍德披着婚纱，站在红星装点的圣诞树旁，在皑皑白雪的见证下起誓……她还把自己名字中的父姓伍德的第一个字改为谐音"吴"，省去"德"字。从此，雪莉·伍德有了一个伴随自己一生的中国名字——吴雪莉。

许多年后，吴雪莉还会自豪地说："那是我一生中做出的最重要、最漂亮的选择，我为能在那一天成为中国媳妇感到骄傲和自豪。"

婚后半年，黄元波在祖国最需要的时候，想带着所学知识回去贡献自己的一份力量。但考虑到新婚妻子的感受，黄元波犯了难。

那时的美国经济出现关键转折，吴雪莉如果留在美国将会有一份不错的工作，然而她却毫不犹豫地选择和丈夫一起回中国。这不仅仅是因为家庭的原因，也为圆自己的一个梦。

1946年，这对跨国恋人登上了开往中国的邮轮。

在邮轮上，迎来了吴雪莉21岁生日。这一天她挽着丈夫的手臂倚着轮船栏杆，眺望着遥远的东方，太阳刚好落在海平面上，波光粼粼的海面泛着红红的霞光，一阵海风吹乱了她的头发，吴雪莉丝毫也不介意，她的心底憧憬着对新世界、新生活的好奇与向往……此刻的吴雪莉并不知道，梦想的远方等待着他们的并不是一片欣欣向荣的五彩世界，而是一个充满了暗淡灰色的地带。

吴雪莉，这位密西西比河岸边长大的姑娘，从未想过自己从书本上了解的并向往着的中国，在现实中，自己马上就要抵达。

"人们常说，缘定三生，百年修得同船渡，千年修得共枕眠，我和中国有着一世的难忘情缘，这是要花多少个千年才能修来的？！"吴雪莉随丈夫一路颠簸，终于来到了满目疮痍、正值解放战争的中国。

吴雪莉清楚地记得，那是1946年7月，距抗日战争结束还不到一年。

情定：此生无悔入华夏

撩开岁月的层层帷幕，我们无法想象命运的航向。

他们初到中国时，蒋介石正撕毁停战协议，悍然发动全面内战。

吴雪莉和丈夫在上海短暂停留后，便开始了四处躲避战乱的生活。他们穿越炮火连天的战区，辗转来到西安，分别被西北农学院聘为外语系副教授和畜牧兽医系主任。

在这座千年古都，吴雪莉度过了她一生中难熬却让人难忘的几年。她通过同劳苦大众和爱国师生的密切交往，深刻了解了中国共产党，认识到了中国人民解放战争的历史意义，知道了新中国取代旧中国的历史必然性。令她欣喜的是，少女时期从阅读斯诺和安娜·路易斯·斯特朗作品中得到的抽象概念，已经升华为具体的切身感受。

1947年5月，儿子黄礼民出生。正当吴雪莉沉浸在初为人母的幸福之中时，西北战事渐渐吃紧。"反饥饿、反内战、反迫害""抢救教育危机"的学生运动遍及国统区大中城市。全国六十多个大中城市的学校举行罢课。西北农学院被迫停课，吴雪莉和丈夫带着儿子同部分师生一起转移至南京。

那个夜晚，至今令人难以忘记。人们拥挤在陕南武功县火车站焦躁不安地等待火车，划破夜幕的炮火清晰可见，怀里的幼子哭闹不止，吴雪莉的神经近乎崩溃。正当吴雪莉不知所措时，一位有经验的中国妇女教她唱起了摇篮曲，并告诉她一些注意事项，没想到挺奏效，孩子在吴雪莉怀里安安静静地睡着了。友善的中国妇女还和吴雪莉交流起了育儿经验，这让一个身处异国的女子倍感温馨。

颠沛流离的童年，让吴雪莉习惯了漂泊。其实内心深处，吴雪莉比谁都渴望岁月静好，能有一个安稳的家。

没过多久，雪莉又辗转到了上海，住在上海的海拉尔路一个小弄堂里，吴雪莉每天都准时守在收音机旁，听每隔15分钟一次的战争消息，没有消息的时候，广播里播的都是战争歌曲。炮火连天的日子里，吴雪莉就是听着那些革命歌曲熬过恐慌的每一天的。

"中国人民解放军已经成功解放了大上海……"这一天，收音机里突然传来的这个惊天消息让吴雪莉喜极而泣，犹如拨云见日般扫除心头的阴霾，夫妻俩激动地紧紧相拥，久不分开。

那天的上海街头热闹非凡，游行的人群拿着写有标语的小旗子，喊着"解放万岁"的口号，高唱《解放区的天》一路前进。一样的柏油马路，一样的高楼平房，那天给吴雪莉的感觉却格外亲切。睡在马路边的解放军战士获得了上海人民的普遍赞扬，许多市民感动得热泪盈眶，这一幕也深深感染了吴雪莉。

上海滩那盘结交错的车水马龙，让吴雪莉这个中国媳妇内心悄然发生了变化。

此后的艰苦岁月里，在上海弄堂，热情的邻居、欢快的小孩成了吴雪莉的日常；武功火车站、西北农学院组成了她特别的记忆；在潜移默化中，吴雪莉的一言一行都透出一股浓浓的中国味。

当时，连天的战火和硝烟掩盖不了这个东方国度浸润在骨子里的友善，这片满目疮痍的土地以其博大温暖的胸怀，安放了吴雪莉漂泊的灵魂。

吴雪莉在陕西生孩子时，照顾她的中国小护士向她祝贺，并教她唱起了《摇篮歌》："风呀，你要静静地吹；鸟呀，你要低低地叫，妈妈的小宝宝快要睡觉了……"尽管是纯中文，吴雪莉也学得很快，她经常唱着这首歌哄孩子睡觉。

在上海，她和邻居们唠家常，得知吴雪莉正在学苏北话，大家就全用苏北话交谈，帮她练习。

有一次，邻居告诉吴雪莉，她家里的保姆不仅操持家务是一把好手，而且还熟知戏文典故。吴雪莉十分高兴，于是她每天故意让保姆少干点活，以便留出闲暇时间，缠着保姆给她讲中国民间故事。白蛇传、梁山伯与祝英台、牛郎织女……故事里的曲折情节，每每都令吴雪莉如痴如醉，甚至热泪盈眶。乃至后来吴雪莉初到开封，探究的第一个地方，就是戏园；了解的第一个人物，就是穆桂英。

中国的生活环境并没有吴雪莉想象中的那么完美，但是对于中国文化她依旧是痴迷的。尽管战火肆虐，在吴雪莉笔下的中国还满是烟火味与人文情怀。

1958年，伦敦出版社出版了吴雪莉撰写的一本描绘社会主义日常生活画卷的英文小说《中国一条街》，为西方社会用另一种视角探寻神秘的红色中国打开了一扇窗。"**这是一幅描绘共产主义中国日常生活的画卷，它不是一个西方记者也不是一个中国人短短几周的采访记录，而是一个嫁给中国人、做了中国家庭主妇和母亲的美国妇女的亲身经历。**"在书籍内封上，出版社特意印上了这样一句话。

吴雪莉原本打算给小说起名为《家》，小说描述的正是吴雪莉初到中国四年生活的缩影。

从1946年至今，七十多年里，很多人问过吴雪莉，为什么愿意留在中国？

"很简单，在这里，我找到了家的感觉。"吴雪莉一句话，就诠释了七十多年的时光。

吴雪莉毫不掩饰对中国浓烈的爱，在她的家里挂着中国国旗，她十分珍爱这面国旗，除了她以外，不让任何人触碰。

那是1949年9月，中国人民政治协商会议第一届会议召开期间，吴雪莉得知五星红旗被定为中华人民共和国国旗的消息。

新中国国庆节的前一天，吴雪莉怀抱孩子赶了很远的路，到钟鼓楼附近，挤进了争购国旗的人群中。买国旗的人很多，大家都想在祖国的第一个国庆节，在家门口挂上国旗。吴雪莉心里告诉自己，一定要有一面国旗……整整排了三个多小时队，吴雪莉终于拿到了一面五星红旗。

回家途中，吴雪莉高举着国旗，欢快地炫耀着，引来了无数人的好奇目光。

10月1日清晨，天刚蒙蒙亮，吴雪莉按捺不住内心的激动，等不及太阳升起，就把五星红旗悬挂在了自己的大门旁。

从此，每到国庆节，吴雪莉都要亲手将这面五星红旗庄重地挂在家门口。过罢国庆节，她就小心翼翼地收起国旗，细心叠好，视若珍宝。

如今历经七十多年的时代变迁，那面国旗依旧鲜艳如新，每一次凝望那面旗帜，吴雪莉都会热泪盈眶，国旗成为吴雪莉这一生与中国紧密连接的"脐带"。

交融：扎根黄土地上的坚守

1953年3月的一个凌晨，夜很静，风很轻，月影婆娑。

一辆马车颠过开封高深的城门，惊起一树的乌鸦，吴雪莉一家就此落脚在开封这片厚实的黄土地上。

"初来开封时，开封市内仅有几条大路，而且全是土路。一到干旱的时候，路上尘土漫天，下雨的时候又十分泥泞，出行十分不方便。那个时候开封机动车少，自行车也很少，大多是人力三轮车，我出去办事，差不多完全靠步行，那时从住处到学校要用上一个小时。"虽然当时的条件异常艰苦，但丝毫没有减弱吴雪莉对丈夫的深情，没有影响她对开封这块土地和中国的眷恋。吴雪莉和爱人在开封一直待了半辈子。

在当时鲜见外国人的开封，一位戴着首饰、打扮时髦的白皮肤、蓝眼睛的金发女郎，穿行在汴梁的古街上，格外引人注目。就在刚来的第一年，吴雪莉被河南大学聘为外教，教学生英语。从此，留住她的不仅有中国的人情味，更有她一生为之奋斗的教育事业。

初教口语课，吴雪莉发现，学生们并没有因为她是个外国人，就天然地喜欢上她的课。一个老师，一块黑板，一群学生的简单授课形式，也根本提不起学生的兴趣。

河南大学校园古色古香，一草一木都别具风情。一次，吴雪莉漫步在校园里，眼前美丽的鲜花，突然给了她瞬间的灵感：对啊！用生活中充满生气和趣味的事物激发学生们的学习兴趣，不是很棒的吗！

吴雪莉把课堂"搬出"教室：在校园里，让学生用英语来介绍一花、一草、一物；食堂里，她用英语来描述大饼、馒头、面条、米饭；学生们来图书馆借书，借可以，必须用英语！

别出心裁的授课方式，激发出学生们极大的学习英语的热情。吴雪莉尝到了甜头，《格林童话》《安徒生童话》中的名篇，被她精心改编成中英文对照剧本，学生们装扮成卖火柴的小女孩、狼外婆、小红帽，轮番登台表演……在相对闭塞的年代，吴雪莉为学生们讲述国外的文化，成了学生们看世界的一双眼睛。

当时，外教在中国是十分稀少的，很少有外国人愿意来到百废待兴的中国，所以国家对于外教有着比较好的补助政策。

"就像在自个家干自个事一样，怎么能要补助。"在吴雪莉心中，她就是中国人，为中国教育事业做贡献是应该的，所以她直接拒绝了补助。

很快吴雪莉被北京的外文出版社相中，来信约请她翻译小说《在和平的日子里》。意外、激动、责任……在复杂的心情下，吴雪莉翻开了杜鹏程的这部小说，也为故事里感人的情节深深打动。一行行清丽的英文从那台老式打字机中流出，流进不少西方人的心中。此后不久，还是吴雪莉，还是那台打字机，《苦菜花》等诸多著作英文版诞生了。

1988年，应中央编译局邀请，吴雪莉前往北京翻译李鹏总理在全国七届人大会议上报告的部分初稿。凭借着母语优势和对中国的深刻了解，吴雪莉在攻克"清正廉洁""执法如山""凝聚力"等改革开放后出现新鲜词语的翻译中，发挥了关键作用。她的翻译受到国务院有关领导同志和编译局马列专家的称赞和认可，并被作为这类词汇的标准译法。

那一刻，吴雪莉感到日子充实，生活有意义。

在学校教书育人，回到家里相夫教子，吴雪莉的日常生活虽然简单平淡，但充满幸福，没想到这种宁静却被20世纪60年代初的一场场瓢泼大雨冲刷得七零八落。连天的大雨把开封灌得沟满河平，随那场大雨一起落下的还有一场历时十年的"浩劫"。

命运，不会因为她家庭的特殊而有所眷顾。吴雪莉这个在政策保护下的中西结合的家庭，也不可避免地一次次受到运动的冲击。丈夫黄元波被打成"反动学术权威"，关进了"牛棚"，维持全家生计的重担落到了吴雪莉一个人肩上。

在那个饥饿困顿的年代，可以想象，填饱肚子是件多么艰难的事情。

面对一家老小，补贴的粮食不够吃，日子更是难上加难。聪明的吴雪莉，总是变着法子给孩子们改善伙食。当时，吴雪莉的一位美国同学听说情况后，给她寄来一小桶白面粉。

那时候，大部分家庭都吃粗粮，白面粉可是宝贝。看到很多河南家庭用鏊子烙饼，吴雪莉突发奇想，何不用鏊子做面包。于是，她就往面里放进糖，摊在鏊子里，上面弄个大铁锅盖盖上，密封起来，就成了个中式的"烤箱"。

虽然鏊子"烤"的面包不算好吃，但是成了孩子们对那个特殊年代特别温馨的回忆。

孩子们很喜欢吃面包，闹着让美国朋友再寄面粉过来，但吴雪莉不同意："我们要靠自己生活，不能依赖别人。写信伸手向国外要食品说在中国吃不饱肚子，对国家影响也不好。"

那时的吴雪莉还没有中国国籍，但她却处处为中国着想。"那一刻，觉得她比中国人还中国人。"每每说起那时的吴雪莉，许多熟悉她的人总是忍不住发出这样的感慨。

但是在那个特殊的年代里，吴雪莉的儿女们却并未因此而少受磨难。她的六个孩子上山下乡，到农村插队，老二、老三和老四，因此失去了上大学的机会。后来，大女儿才以工农兵学员身份上了当时的河南医学院。只有老五、老六赶上了恢复高考，后来就读于河南大学外语学院。

日子苦不算啥，一辈子漂泊的吴雪莉，在异国他乡的那种无根感，才是压在她心里说不出的苦，和丈夫两地分别的日子，她不仅要照顾六个嗷嗷待哺的孩子，在教学之余还要下乡"支农"，睡麦秸，吃窝头，每次出门她都心惊胆战，因为她与这片黄土地格格不入的白皮肤、蓝眼睛，还有别人投来的异样目光……她第一次想家了，想念她的母亲和家人。

即便如此，吴雪莉也从未有过想要离开的念头，因为她对这片黄土地爱得深沉。

吴雪莉远在美国的母亲道逊夫人，也无时无刻不在思念着女儿。

1962年，道逊夫人在朋友的帮助之下来到中国，探望吴雪莉，第一次与分别了17年的女儿、女婿一家团聚。母女相见，分外亲切。吴雪莉告诉母亲，她在中国生活得很好、很幸福，她很喜欢中国的孩子们，喜欢中国的文化，她想要成为一名真正的中国人。道逊夫人看到女儿的生活，也十分地满意，在女儿的影响下，她对中国也有了更多的了解，慢慢地也喜欢上了中国。

"十几年没见，我妈妈也很想念我，她对中国，对河大印象很好，也想留在这里。"吴雪莉开心地说。

两年后，道逊夫人留在河南大学担任外教，和女儿一起为中国的教育事业做贡献。

道逊夫人来到中国的时候，见到了当时的周恩来总理。周总理十分热情地欢迎了道逊夫人，得知道逊夫人留在中国任教之后，他对道逊夫人和吴雪莉也是十分地感激和关照。

时光催人老，吴雪莉最好的年华都献给了这片土地，已经在中国"安居乐业"的她，多么希望自己能真正成为这片她热爱的黄土地的主人。

1975年的一天，吴雪莉终生铭记。

这一天，离吴雪莉来到中国即将满30年，她为中国的教育事业做出了杰出贡献，因此被周恩来总理亲自特批加入中国国籍。

圆了"中国梦"后的吴雪莉，为自己能够真正成为中国人而欣喜。但不幸的是，道逊夫人在这一年离开了人世，离开了她的女儿，没能看到女儿梦想的实现。道逊夫人被埋葬在了中国，留在了这片土地上，永远地陪着她的女儿。

"心里很踏实，我终于成了地地道道的中国人。"在拿到户口本的那一刻，吴雪莉周身热血贲张，心中满是激动。那一年她50岁。

从此，再有人喊她是"外教"，吴雪莉总是用她那带着点洋味的流利开封话，认真地纠正："我现在已经不是外教了，是和其他老师一样的中国教师！"

1989年，开封市授予吴雪莉"先进教育工作者"称号，吴雪莉把获奖证书保存至今。

打开证书，八个大字异常醒目：忠诚人民教育事业。

一代代学子，听着她的英语童话故事走向社会、走出国门。吴雪莉与这个国家、这片黄土地同呼吸、共命运，也见证着河南大学这所百年名校的沧桑巨变。

在河南大学校园中，吴雪莉常以"滑稽美人"自称。说这话时，吴雪莉总是眨眨那双闪烁着睿智和幽默的眼睛强调一遍："是'滑稽美人'（funny Beauty）！"其实在开封人眼里，"滑稽"不乏风趣与博识之意。

然而这样风趣的吴雪莉，在自己学生眼里，最常出现的形容词却是"严厉"。

吴雪莉对论文制定了极其严格的规定：从论文选题到定写作提纲，每个学生至少要面谈四次，文章在两万字以上，绝不允许抄袭。

有时甚至其他的指导老师都看不下去学生为论文受的委屈，出面向吴雪莉求情："学生看着挺不容易的，下的功夫也不小，让他们通过吧？""不行，这问题免谈。"对求情，吴雪莉一概不听："现在要求严格，将来他一生都受益无穷。"如此几次，再也没有人向她求"论文情"了。当然，也正是她的这股子较真劲儿，55年执教生涯里，吴雪莉桃李满天下，三千余名毕业生中就有数百名博士、硕士研究生。

在吴雪莉的书房里，书架上除了两千多册书之外，最多的还数来自国内外的毕业生寄来的贺年卡，吴雪莉为此感到幸福。

她将一生融入了中国这片黄土地，就像一株来自异乡的树苗，长成了一棵参天大树。

这棵树，是密西西比河赋予她的生命，是黄河滋养她的灵魂。

传递：跨越太平洋的友谊

从"金发碧眼"到"鹤发童颜"，从美国人到中国人，吴雪莉走过了几十年曲折而又精彩的人生，也把中美两国人民的爱和善意彼此传递。

此后数十年，吴雪莉几乎没有离开过中国，在为数不多的几次回美国探亲历程中，她也像是一枚火种，传递着来自东方的神秘信息。

吴雪莉告诉在美国的亲人们，中国有多好，她从来不避讳流露出对中国的热爱。在接受媒体采访时，吴雪莉表示，美国并不是她的家，中国才是她真正的家。

吴雪莉频繁出席旅美华人协会、美中关系协会、旅美河南同乡会等单位和团体特别召集的恳谈会、说明会，并应邀多次向美国官方介绍中国的情况，足迹遍布美国8个州12所大学。

中国不会忘记

"河大是所百年名校，你们不妨看看照片，看到中国有如此美丽的大学，你们都很惊讶吧！"吴雪莉自豪地向美国朋友介绍自己任教的大学。

从 1979 年开始，每隔几年，吴雪莉都会回乡探亲，这时她成了美国同胞们眼中的"中国通"。

而每次探亲的短暂日子里，都会是吴雪莉最忙碌的时期，介绍、宣传中国的情况，是她的主要工作：**中国的悠久历史，中国的山山水水，中国的高等教育，中国妇女的地位……这时候的吴雪莉，连自己都搞不清楚，她是在向自己的同胞介绍另一个国家，还是向不了解情况的外人介绍自己的国家。**

之后几年，很多美国华侨和阿肯色州的美国政界、民间人士掀起了一波又一波的回乡潮、访华热，均与吴雪莉富有感召力的宣传密不可分。

吴雪莉热爱中国的每一寸土地、每一条胡同、每一栋古建筑、每一片瓦。每次回美国探亲，时间都很短暂，因为吴雪莉惦记着她的家和她在这里的亲朋好友。

在开封离河南大学最近的一条小巷子里，穿过灌木花丛，一条砖石小径直通往幽静的二层小楼。楼前的院子里，种满了丝瓜、月季、竹子等植物，绿意盎然。当你到了屋前，抬手叩门，有时会看到一只黄白相间的大猫，从花丛中蹦出来，跑进屋子里，那就是吴雪莉养的猫。

养花种草、养猫养鸟、写字译书，岁月过去了半个世纪，在太平洋的另一边，吴雪莉也早已过上了她向往已久的稳定生活。

1984 年，吴雪莉的丈夫去世后，她的五个子女都去了美国生活。孩子们后来多次要她回到美国，吴雪莉对此都给予回绝："我的母亲、我的丈夫都埋在这里，我的学生以及我热爱的教育事业也在这里，这里就是我的家，所以我永远都不会离开中国……"

吴雪莉 —— 一辈子做中美文化交流的"红娘"

窗外日光弹指过，席间花影坐前移。偶尔抬头看向墙壁上，儿女们从大洋彼岸寄过来的全家福，再看看茶几上、地上，堆着曾孙的玩具，那一刻，吴雪莉像一幅幸福的油画，悬挂在生活深处。吴雪莉的眼睛，眯成了像是那两只打盹的猫一样的一条线，聆听着窗台前几只羽毛鲜艳"叽叽喳喳"的鸟儿的啼鸣婉转。守着被岁月浸润的河大校园，天天出门散步，看着铁塔，听着风铃，就像她年轻时刚来到这里一样。

迄今为止，吴雪莉在开封居住了 68 个年头，也是她到河南大学的第 63 年。一切，就是她期待的模样。她对生活以爱吻之，生活对她回报以歌："只是在人群中多看了你一眼，从此不能忘记你容颜。"

如今，吴雪莉依旧守在这栋离河南大学最近的老胡同中的两层小楼里，时而坐在缝纫机旁看书，回忆那些难忘的日子；时而擦拭挂在客厅墙上的全家福，时而坐着轮椅出现在河南大学的林荫小路上……

2019 年 10 月 1 日，吴雪莉的家门口一如往常升起国旗。这一天，吴雪莉被授予"庆祝中华人民共和国成立 70 周年"纪念章。

《易经》云："九五，飞龙在天，利见大人。"当沉甸甸的勋章佩戴在吴雪莉胸前，所有的人都在心中向她说着同一句话：共和国不会忘记您！

时间，如果从 1938 年说起，"中国"一词在她生命中已经念了 83 年；光阴，如果从 1946 年算起，中国这片热土已经与她相伴了 75 年；岁月，如果再从 1975 年记起，"中国人"这个身份融入她的血脉已经 46 年。

吴雪莉，这位跨越了太平洋的姑娘，抹平了种族之间的鸿沟，成为联结黄皮肤和蓝眼睛的"红色纽带"。她用中国人的韧劲和美国人的爽朗，书写出一段中美文化交流的精彩篇章。

中国不会忘记

音乐欣赏

歌曲《万里长城永不倒》

伊斯雷尔·爱泼斯坦
把毕生奉献给了中国

他在波兰出生,却在中国成长,从一名高中生成为影响西方主流媒体的著名记者;

他投身抗日洪流,用一支铁笔见证伟大中国的浴火重生、发展变迁;

他致力于向世界介绍传播新中国,被誉为"中国对外宣传的大师";

他在"文革"中蒙受冤屈,却从未动摇过对中国深沉的挚爱和信赖;

他采访过毛泽东、周恩来等党和国家领导人,也接受过邓小平、江泽民、胡锦涛等党和国家领导人的祝福。

……

他,就是杰出的国际主义战士,一位长期以向西方宣传中国为己任的中国特别公民和优秀共产党员——伊斯雷尔·爱泼斯坦。

让我们一起走近并聆听这位把毕生精力奉献给中国的波兰裔老战士的传奇故事。

他看到中国人民在觉醒

时光倒溯到1917年。

这天上午，天津火车站，一辆从哈尔滨开来的火车在这里停下，随着蜂拥而出的人群，走下一对年轻的外国夫妇。丈夫手提行李，妻子怀抱一个两岁的男孩。这一家人看上去脸上溢满幸福，但迁徙之路却充满艰辛。谁能想到，他们竟是从波兰辗转而来。

这是一对波兰籍犹太夫妇，他们就是爱泼斯坦的父母，丈夫拉沙尔是会计师，妻子松亚是助产士。爱泼斯坦一家留在了天津，这一住就长达18年之久。

爱泼斯坦慢慢长大了，他开始进入英美传教士在天津办的学校读书。当时，天津是洋人控制的通商口岸，五分之四的地盘是外国租界，五分之一的空间里居住着中国人。

爱泼斯坦走出租界区，看到中国社会的现状让他触目惊心。由于内战频仍，灾荒不断，涌入天津的大批难民衣衫褴褛，骨瘦如柴。在一个严冬的早晨，他在上学的路上，目睹了一个和他差不多大的孩子，冻死在路边。中国人的苦难使爱泼斯坦的心灵受到很大冲击。他还看到英、美、法、意、日等国派了许多陆、海军部队驻扎在天津，他们耀武扬威，横行霸道，而中国人只能忍气吞声，逆来顺受。

在这样的氛围里，爱泼斯坦能够成长为一位对中国人不抱任何偏见的正直青年，多亏了他的家庭教育。他的父母在青年时代参加过反对沙皇统治的革命活动，父亲坐过牢，母亲曾被流放到西伯利亚，他们对被压迫民族十分同情。在爱泼斯坦孩提时代，父母就常常教育他："**我们犹太人受人歧视，我们不能再歧视任何人啦！**"父母的教诲确立了爱泼斯坦做人的信条，他始终以同情的眼光看待他生活的这个国度的人民，也使他最终投身到这个国家人民革命之中。

"卢沟桥事变"前几个月的一天，已是一名新闻记者的爱泼斯坦得知上海全国救亡协会发起了一个"大众歌咏运动",这个歌咏运动的积极倡导者、爱国大学生刘良模来到天津开展歌咏运动,他立即前去采访。

歌咏运动举办地点在天津基督教青年会大厅,爱泼斯坦还没走到门口,就听到一阵激昂、强劲的歌声:

> 起来!不愿做奴隶的人们!
> 把我们的血肉筑成我们新的长城!
> 中华民族到了最危险的时候……

这歌声像雄狮怒吼般从敞开的大门里迸发出来,冲到了大街上。

过去,爱泼斯坦经常听到的除了人们用假嗓唱的古老京戏、悲切婉转的津门小调,就是港口码头上被沉重的箱包压弯了腰的苦力们"哼唷……哼唷"的痛苦号子声。现在,这种新式的中国歌声,他听起来"好像一位神情紧张、声音沙哑的司令官,在发动攻击前夕,向充满决心的士兵发表最后一分钟的战斗演说"。

当时,爱泼斯坦还不能听懂中国人唱的全部歌词,但那铿锵有力的旋律震撼着他的每一根神经。他觉得这支歌的**"每一句都是一个口号,体现着他们全想过但却表达不出来的思想,此刻,他们长期被压抑的感情终于爆发出来了"**。这正是被日本侵略的中国人被迫发出的怒吼啊!

爱泼斯坦为刘良模这个满怀爱国热情的中国青年所深深感动,他在报道中写道:**"此人不仅是歌咏活动的组织者,以歌唱的成功为乐,而且还是一个时代的象征。他不单单发扬着自己的闪光思想,而且以一种新的方式来表达其人民的潜在力量和觉醒。"**

当时,国民党政府禁止老百姓唱《义勇军进行曲》,但是采访后不久,爱泼斯坦走在天津的大街上,总会不时碰见学生或是工人,一边走一边不停地哼唱着《义勇军进行曲》的旋律。几个星期过去了，会唱的人越来越多，连一些白发苍苍的老人和年幼的孩子都唱起来了。

爱泼斯坦确信，这首歌的曲和词所蕴含着的无穷力量，已深深蓄积在全体中国人民之中，中国人民一定能够打败日本侵略者。

红星照亮前行的路

爱泼斯坦的父母是社会民主党党员，在思想上接受马克思的社会主义学说。

五岁的小爱泼斯坦已有清晰的记忆了。他记得他在天津住宅的客厅里，端端正正地挂着一位英俊的大胡子男人的肖像。爱泼斯坦12岁时，已能翻看父亲的藏书，他知道了那位大胡子叫卡尔·马克思，他是一位学者，他的学说正影响着整个世界的进程。父亲像对待成年人一样地对待爱泼斯坦，把《共产党宣言》介绍给他，虽然他只是囫囵吞枣、懵懵懂懂地看了个大概，这本书名却在少年的心中留下了深刻记忆。

1930年，爱泼斯坦15岁，他中学毕业了，长成了一位富有正义感和同情心的翩翩少年。这一年，他踏进《京津泰晤士时报》的大门，成为一名记者，开始了他的新闻生涯。

京津泰晤士报馆坐落于现在的天津市解放路，是一座砖木结构的小楼，地下室做印刷厂，上边是编辑部。这家英国人办的报纸是当年天津三家英文报纸之一，日出20版，在京津两地发行。报馆人手很少，爱泼斯坦从打字、校对、采访、编辑到写社论、拼版，样样都要干，小小年纪就锻炼成了一个全能报人。

对爱泼斯坦投身中国革命产生重要影响的人，是当时著名的新闻记者埃德加·斯诺。

伊斯雷尔·爱泼斯坦 —— 把毕生奉献给了中国

1933年底的一天，报社将一本书交给爱泼斯坦，要他写一篇评论发表出来，书名叫《远东战线》，作者正是埃德加·斯诺。

爱泼斯坦双手捧着《远东战线》，读着读着，他被书的内容和写作风格深深打动了。

爱泼斯坦打听到斯诺就住在北京，立即在周末乘火车去拜访。那时斯诺在燕京大学教新闻学，住在海淀的一个四合院里。

初次会面，斯诺的真诚与热情很快驱散了爱泼斯坦的拘谨与羞怯，他把中国介绍给长于斯却不解之的爱泼斯坦。爱泼斯坦彼时只有18岁，比斯诺整整小十岁，但他们很快就成了好朋友。

此后，这种周末的拜访成为爱泼斯坦天津生活中相当重要的内容，许多时候，他会在京津之间的火车上度过。

1936年，斯诺在宋庆龄的帮助下秘密赴延安采访红军，这之后的几个月里，西北之行是他们之间最热烈的话题。当斯诺把在延安拍摄的照片和《红星照耀中国》手稿拿给爱泼斯坦看时，爱泼斯坦的心被深深地震撼了。用爱泼斯坦自己的话说就是："当时，书中令人吃惊的叙述和使人信服的事实，向我展示了一个新世界，就像这本书后来给许多人带来的影响一样。"

与斯诺的交往，让爱泼斯坦开始正视中国现状，他与爱国学生取得联系，与史沫特莱那样的外国进步人士结识，他开始了解到中国革命的真实状况；同时，也因为斯诺的介绍，爱泼斯坦开始阅读毛泽东、宋庆龄和鲁迅等人的文章。

红星照耀着中国，也照亮了年轻的爱泼斯坦的眼睛。结识埃德加·斯诺，决定了爱泼斯坦后来生活的整个道路。

与中国人民站在一起

1937年7月7日，驻华日军悍然发动七七事变，日本开始全面侵华。爱

中国不会忘记

波斯坦作为美国合众社的战地记者慨然南下,奔赴战争前线。

这位许多重要历史瞬间都在场的目击者,以一位新闻工作者的良知,真实地记录下卢沟桥事变的第一声枪响,天津争夺战的激烈悲壮,南京、武汉政治军事事态的发展,台儿庄战役鼓舞人心的胜利,直至广州沦陷时的情景。

在硝烟弥漫、残破不堪的中华大地上,爱泼斯坦冒死写下了26万字的新闻作品《人民之战》,用第一手资料向全世界呈现了中国军民抗战救亡的英勇和意志。正如五十多年后,他在这本书的再版序言中所说:"这是由一种精神所激发的,是发自一颗年轻的心鲜明生动地复述了当时对于中国和全世界如此关键的事件和趋势。"

这本书1939年在英国伦敦出版,后又出现于当时的孤岛上海。书中这样开头:"中国现代史始于中国老百姓第一次站起来说:'这块土地是我们的'。"又如此作结:"帮助他们反对共同的敌人,是全世界自由人们的责任。"可以说,《人民之战》对鼓舞中国人民的抗战斗志和唤起世界人民对中国抗战的支持发挥了应有的作用。

"是什么使您留在了中国?"几十年后,有人这样问已经八十高龄的爱泼斯坦。此时,精美的中文版《人民之战》静静地躺在书桌上,如烟岁月掠过老人的坚定安详的脸庞。

"是中国革命。"老人回答。

七七事变后,北京、天津很快就沦陷了。

一天,斯诺带着一位衣着朴素但谈吐不凡的女士,突然到天津造访爱泼斯坦。斯诺称呼那位女士为"李太太",希望爱泼斯坦协助"李太太"从敌占区返回延安。

如何保证"李太太"的安全,是爱泼斯坦最先考虑的问题。住在自己这里不合适,于是他就利用自己在天津的特殊身份,安排"李太太"住进了犹太人开设的一家饭店。因为是犹太人的饭店,安全系数自然增加了不少。

然后,爱泼斯坦又赶快去买了开往山东烟台的船票,护送"李太太"从烟台上岸,直至安全抵达延安……事后,爱泼斯坦才知道,"李太太"竟是邓颖超。

就在那之后,爱泼斯坦做出了一个意义重大的抉择。

他决定留在中国。

七七事变爆发后,中国进入了全面抗战。爱泼斯坦的家在天津,他的父母已在那里平静生活了二十多年,但却不愿意生活在日本侵略者的统治下,打算移居美国。

爱泼斯坦该何去何从?经过一番思量,他决定留在中国。

"作为一个外国人,我那时决定投身于中国人民的抗日斗争是有其根源的,那就是我要参加世界反法西斯斗争。事实上,从一开始我就意识到,中国的抗日战争在国际反法西斯斗争中将占有独特的地位,支持和参加中国人民的抗日斗争,就是对国际反法西斯斗争的实际贡献。"爱泼斯坦在回忆录中这样写道。

送走了父母,爱泼斯坦站在塘沽港口的轮船上,看到许多满载着日本兵的登陆舰正在靠岸,心中默默地想:"现在你们翘着尾巴来了,但我要留下来看你们夹着尾巴回去。我要用记者之笔记录下这个过程!"

此时已身为美国合众社记者的爱泼斯坦,在接下来的日子里,冒着枪林弹雨奔走在抗日前线,写下了一篇篇关于中国将士浴血奋战的新闻报道。

1938年3月16日至4月15日,中国军队与侵华日军在台儿庄进行了一场规模巨大的战役。23岁的爱泼斯坦头一回亲临战地采访。

面对炮火轰鸣、杀声震天、尸横遍野的惨烈景象,爱泼斯坦和几名记者

中国不会忘记

十分紧张。此时，与他们同来观战的美国驻华海军副武官卡尔逊，带头唱起《义勇军进行曲》。激昂的歌声，使大家很快镇定下来，也跟着一起放声歌唱，恐惧的情绪一扫而光。

爱泼斯坦目睹中国官兵端着步枪、挥着大刀，高唱着《义勇军进行曲》，冒着日军的猛烈炮火，前仆后继，打垮了日军的进攻，取得了台儿庄大捷，兴奋无比的他和著名纪录影片导演伊文思站在被击毁的日军坦克上合影留念，欢呼中国军队的胜利。

爱泼斯坦写道：**"台儿庄大捷是值得纪念的，这有许多理由。它是华北、上海和南京沦陷以后，中国在正面战场上从敌人手中收复的第一个城镇。它大大鼓舞了全中国和全世界的人民，使他们相信中国和中国人民有决心战斗下去，并有能力取得胜利。"**

台儿庄战役，中日双方激战一个月，日军被歼两万余人。23岁的爱泼斯坦在前线经历了战役的全过程，他采访了幸存的士兵和指挥官李宗仁将军，体会到了中国人的英勇不屈，并为此深受感动。他越来越喜欢中国的一切，它的广博、古老而又饱经沧桑的深沉悲壮之美。

战火仍在蔓延，已烧到南方门户广州，爱泼斯坦随战局撤退到了这里。

1938年9月18日，正是国耻之日。入夜，激愤的人群走上街头示威游行，抗议日本政府无耻的强盗行径。

火光映照下，正在街头采访的爱泼斯坦在游行队伍的最前面，看见了一位典雅、高贵的女性——孙夫人宋庆龄，她的加入使游行队伍的士气更加高涨。

在此之前，通过报纸他们彼此神交已久，他倾慕孙夫人在民族危难时表现出的大义凛然和她所特有的女性魅力；而孙夫人也早想见见这位关心中国、热爱中国，正直、热情的年轻外国记者。这次相见，从此开始了两人长达四十多年的共事与友谊。

1936年，宋庆龄创建了"保卫中国同盟"，吸引了包括爱泼斯坦在内的一大批国际友人。他们追随着这位伟大的女性，为中国的抗日战争进行宣传并募集国际援助。

1938年10月，广州失陷，爱泼斯坦和同事又退至香港，直接参加"保卫中国同盟"总部的工作。他还和同事办起了《新闻通讯》，继续向全世界报道中国人民抗战的真实情况，以争取国际社会对中国抗战的了解与援助。

1941年12月8日，日本偷袭美国太平洋舰队基地珍珠港，太平洋战争爆发。与此同时，日本飞机也突袭香港。12月25日，香港沦陷，爱泼斯坦由于来不及撤走，被日军关进集中营，处境十分危险。他有四位难友，其中有一位漂亮的姑娘，名叫邱茉莉，出生于英国。邱茉莉也与爱泼斯坦一样，对中国抱着同情心，并走上支援中国抗战的道路。二人在狱中相见、相识、相助，爱情的火焰在苦难中燃起。

1942年3月18日，爱泼斯坦在邱茉莉的帮助下神奇地从集中营中逃出，奔赴重庆，成为美国《联合新闻》记者，并从事促进国际反法西斯统一战线的活动。

历经战争磨难，爱泼斯坦对中国的感情非但没有丝毫消减，反而愈加深切了。

突破封锁访问延安

1944年，中国抗战进入十分艰难又显露胜利曙光的时刻。

这年5月，爱泼斯坦随中外记者西北采访团开始了他20世纪40年代记者生涯中、同时也是一生中最光辉的历程：延安之行。那年，他29岁。

过去，爱泼斯坦是从报纸上了解这儿的一切的，而今，终于踏上了这块被斯诺称为"中国的希望"的土地。爱泼斯坦说，这是他记者生涯中最难忘的行程。

中国不会忘记

1944年6月9日，记者团到达延安，受到中共中央领导人和延安军民的热烈欢迎。6月12日，毛泽东在中共中央的大会议室接见了中外记者团的全体客人，并回答了记者们提出的问题。

毛泽东开场白说："欢迎诸位在这样热的天气里来到延安。我们有一个共同的目的，就是打倒日本军国主义分子及世界上所有的法西斯。为了这个共同目的，你们到这里来了。这里是中国的一个偏僻的角落，既荒凉，从历史上讲又相对落后。但在这里你们可以亲眼看到一种坚强的决心，那就是中国共产党和国民党要肩并肩地共同打击日本。你们会亲眼看到我们在这里正在抵抗日本侵略。"

毛泽东发表讲话接受提问之后，又对记者们说："哪位愿意继续谈，单独地或几位一起，都欢迎。"爱泼斯坦等外国记者十分高兴，要求单独采访毛泽东和其他中共党政军领导人。毛泽东、朱德等欣然答允。但记者团的领队是国民政府立法院委员谢保樵，他坚决反对。然而，延安不是重庆，国民党官员已经控制不了外国记者的行动了。

当时，正值中共七大召开前，来自各抗日根据地、各条战线和八路军、新四军的领导人云集延安参加整风学习，并准备参加七大，正是进行采访的大好机会。外国记者自行其是，找人采访、谈话、交朋友、拉家常十分融洽，谢保樵只能眼睁睁看着，无可奈何。

爱泼斯坦单独采访了毛泽东、周恩来、朱德、贺龙、邓发、徐特立和许多赫赫有名的中共人物。爱泼斯坦单独和毛泽东谈了好几个小时。当毛泽东得知爱泼斯坦为《联合劳动新闻》等多家美国新闻媒体写文章，便饶有兴趣地向他询问有关美国劳工运动和美国共产党的情况，并发表自己的看法。

通过接触和观察，爱泼斯坦感觉毛泽东十分平易近人，常常不带警卫员，在满是尘土的街上散步，跟碰到的老百姓随意交谈。当和记者团或在其他场

伊斯雷尔·爱泼斯坦 —— 把毕生奉献给了中国

合同人们合影拍照时,他不站在中间,也没有人安排他站在中间,而是随便站个地方,有时站在边上,有时站在别人后面。爱泼斯坦等外国记者同毛泽东和其他领导人一起吃过几顿饭,没有宴会的礼节和规模,十分随便,一共就两三桌,边吃边谈,饭菜也简单。

当记者团离开延安时,毛泽东到爱泼斯坦等人的住地和他们话别,并送给每人一幅在延安用石板印刷的自己的画像,每张都有亲笔签名。图片上的毛泽东带着沉思的神态,爱泼斯坦一直珍存着。1945年到美国纽约后,他把毛泽东的这张画像挂在寓所的墙上,1951年回到中国后又挂在北京住所的墙上。

在延安的日子里,爱泼斯坦看到,在这里从中共中央的领导人到广大干部战士和边区的人民群众,"没有厌战情绪,也没有惰性,每件事情都像春芽一样新鲜",到处都是一派积极向上、朝气蓬勃的景象。

爱泼斯坦在延安生活得十分愉快。他给妻子邱茉莉写了许多家信,真实生动地描述了延安军民的生活情形和他的亲身感受。在1944年7月30日的信中,他写道:"人们的生活习惯既简单又随便。你经常看到进来的人不做自我介绍,因此不知道他是一个小合作社社员还是中央委员会的大人物。他们都有各自的工作并且有头脑,他们谈的事都和现实密切相关。他们爱笑、爱唱,听不到歌声是难得的。"8月30日,爱泼斯坦在给邱茉莉的又一封信中说:"亲爱的,我真希望你也能来这里亲眼看看。这是新中国也是新世界的模型。这是民主,不是自封为人民的朋友在为人民办事,而是人民自己在为人民办事。"他还在信中对妻子说道:"我已经实实在在地深信,延安是中国未来的缩影,在下一个十年里将证明这一点。"

爱泼斯坦在延安开展工作,思想十分活跃,他写了大量的通讯,在国外许多报刊发表。他历时七周、行程上千公里,将所见所闻写成一篇名为《突破封锁访延安》的长篇通讯,于1944年10月9日从延安发给《纽约时报》,以令人信服的笔触向世人展示了这"另一个世界"的人们正在做的正义事业以及他们所代表的中华民族的希望和未来,在西方引起极大反响。他还主动积极帮助延安的中国同行们在极艰苦的条件下进行工作,他就延安的对外宣传工作向中共中央提出了许多很好的建议。新华社那时播发的第一条英文新闻,就是由他亲手改稿,借手摇发电机的电波,从延安清凉山的窑洞里向全世界播发的。

谢保樵对爱泼斯坦在延安的种种表现大为光火,他向重庆的国民党高级官员汇报时,恶意地说:"他一到延安简直就像回到家里一样!"谢保樵这个汇报倒不能算是造谣,爱泼斯坦在延安确确实实有一种回到自己家里般的感觉。

多年后,爱泼斯坦每当回忆起这次去延安的经历时总是满怀深情地说:"令我最难忘的是1944年夏天的延安之行。因为这是影响我一生走上革命道路的一次重要访问。""我看到一个完全不同的中国,它与蒋介石的国民党中国迥然相异。这个中国充满希望,没有饥饿,没有失败主义情绪。延安使人感到未来的中国已经在今天出现。"

独特视角传播新中国

1949年9月1日,美国纽约。

这天上午,爱泼斯坦到一个娱乐摊位灌制了一首乐曲,中华人民共和国国歌——《义勇军进行曲》。1936年,正是抗战前夕,爱泼斯坦第一次听到这支曲子,被它悲壮的旋律深深打动,那时正是一个民族处在生存危险的重压之下。

1945至1951年,爱泼斯坦同妻子邱茉莉离开中国到了美国,他担任《联合劳动新闻》总编辑，夫人邱茉莉主办进步月刊《聚焦远东》。他们时常发表介绍中国革命的文章，并不顾美国反动势力的迫害，积极投身反对美国干涉中国内政、增进中美两国人民友谊的进步活动。

"在历史为我设定的时空中，我觉得没有任何事情比我亲历并跻身于中国人民革命事业更加美好和更有意义。"爱泼斯坦晚年在回忆录《见证中国》一书中这样写道。

今天，他从歌曲里体会到胜利的喜悦和豪迈，感悟到历史在这里转折并迈向前进。他与许多美国朋友一起放声唱着《义勇军进行曲》，跳起解放区流行的秧歌舞，欣喜异常。

让爱泼斯坦遗憾的是，他没能亲眼看到新中国的成立；而让他兴奋的是，他却能为新中国做点什么。《联合劳动新闻》第一时间报道了新中国成立的消息；而《聚焦远东》月刊封面上出现了五星红旗的彩色照片，这是在美国第一份有新中国国旗的出版物。

爱泼斯坦身在美国，心却留在了中国，他一有时间就做有关中国的工作，好像只有如此，他浑身才有劲儿，心才能定一定。他把《黄河大合唱》译配成英文歌词，用多种乐器演奏，使这部音乐作品深深地打动了美国人的心，从而更加尊重和支持中国人民的伟大斗争。五年多时间里，爱泼斯坦还根据之前在中国的系统考察，研究中国工人的生存状态，完成出版了《中国未完成的革命》和《中国劳工札记》两本书。

爱泼斯坦时时挂念中国，中国也在向他招手！

1950年，宋庆龄约请爱泼斯坦回中国，协助她创办一个对外宣传的刊物，把中国介绍给世界，使全世界了解这个新生的共和国。宋庆龄在公园的长椅上做出了这个决定，立即向自己的外国老朋友发出了恳切的邀请。1951年，爱泼斯坦夫妇从美国绕道波兰，历尽艰辛回到中国后，立即着手创办《中国建设》(现名《今日中国》)杂志。

那时，工作条件简陋，编辑部只有三四个人，他们夫妇都是执行编辑。由于一时无法解决办公地点，第一期《中国建设》的稿件是在公园长椅上编辑定稿的。杂志需要在北京编排、上海印刷出版，虽路途遥远他们也乐此不疲，全身心投入工作。只要稿件没有送到印刷厂，爱泼斯坦就要密密麻麻不停地改。他改稿的认真劲儿，在同行看来是犯了典型的"职业病"，也因此，让同事们对他有了更多敬意。

从最初的执行编辑到后来的总编辑，再到退休后的名誉总编辑，几十年中，爱泼斯坦为后来改名为《今日中国》的这本对外传播杂志倾注了大量心血。如今，《今日中国》已经从最初的英文版发展成为有中文、英文、法文、西班牙文、阿拉伯文、德文、葡萄牙文、土耳其文八个语种的综合性对外传播月刊。读者遍及世界一百五十多个国家和地区，成为增进中外人民了解与友谊的桥梁。爱泼斯坦本人则被誉为"中国对外宣传的大师"。

作为杰出的新闻记者和作家，爱泼斯坦足迹遍及中国大江南北，悉心研究中国历史和社会，以他的革命激情和勤奋耕耘的精神，写下了一部部颇具影响的著作，其中包括《人民之战》《中国未完成的革命》《从鸦片战争到解放》《西藏的转变》《宋庆龄——二十世纪的伟大女性》等。

1966年，爱泼斯坦所著的英文版《从鸦片战争到解放》一书出版，它在国际上广为流传，成了许多外国人了解中国近现代史的教科书。他站在历史的高度，将中国放在世界视域下加以考察和分析，有非常独到的见解。宋庆龄生前曾经写信告诉爱泼斯坦："我见着加纳总统恩克鲁玛时，他热情地称道过这本书。"

在爱泼斯坦毕生从事宣传中国的记者生涯中，他对西藏有着不解的情结。

从 20 世纪 50 年代起的半个世纪间，他四次踏访雪域高原。直至九十高龄，他仍怀有一个梦想——"尽管年事已高，我仍然希望坐火车去西藏一趟，这是我长期的梦想。"

在爱泼斯坦看来，作为中国不可分割的西藏，**"在新中国我看到的所有变化中，世界屋脊上的变化是最引人注目的。西藏跨越了一千年，从农奴制和奴隶制一下子跳到了建设社会主义阶段。"** 正是基于这种认识，而且他知道国外一般人对西藏很不了解，加上西方舆论的影响，使外界对西藏还产生许多误解，因而他十分关注对西藏的研究和对外传播，希望世界能了解真实的西藏。

为了写好西藏这部有历史意义的巨著，爱泼斯坦在 30 年间不顾高原的艰难险阻，先后于 1955 年、1965 年、1976 年、1985 年四次入藏，进行长时间的采访，每次都长达一两个月。在世界屋脊上，他采访了大量上层人士和翻身农奴，记下了近百万字的笔记。亲身经历，使得他能够以客观的态度去审视西藏的变化，写成了巨著《西藏的转变》，其中的很多篇目在美国《新时代》《东方地平线》等杂志上刊出，成为第一手系列介绍西藏的报道，有力驳斥了那些**"号召为西藏的困境挥洒同情之泪"**的人。

爱泼斯坦和英国籍妻子邱茉莉是抗战时结识并结婚的，他们都是记者，膝下无儿女，就抱养了一对中国儿女，组成一个地道的中国式家庭。邱茉莉去世后，1985 年，爱泼斯坦与同事黄浣碧女士走到一起，后育有一子一女。

2005 年，爱泼斯坦走后，他的夫人黄浣碧女士在悲痛中着手整理家中爱泼斯坦遗留的大量资料，由她口述、沈海平执笔的《爱泼斯坦与宋庆龄传记》，记录了爱泼斯坦与宋庆龄之间良师益友的情谊。

爱泼斯坦与宋庆龄有着近半个世纪的交往与友谊。熟悉宋庆龄的人都知道，宋庆龄是一个非常低调与谨慎的人，从来不事张扬。然而，1975 年 5 月，宋庆龄却正式向爱泼斯坦提出，请他为自己写传；1980 年 9 月，再次写信给爱泼斯坦，提出希望在自己身故后由爱泼斯坦来为她写传记的愿望。

此前，宋庆龄已谢绝了许多人为她写传记的请求。这似乎不像宋庆龄的作风，这是为什么呢？

在1980年9月25日的信中，宋庆龄也毫不避讳，她坦率地向爱泼斯坦披露了友人的质疑："当然，在同志们中间关于谁来写我的传记有争执，但我根本不想讨论这件事。"

用宋庆龄自己的回答是"信任"。"我只信任艾培来做这件事，因为你比别人更了解我。"

是啊，信任与了解，是宋庆龄选中爱泼斯坦为她写传的最主要的原因。

事实证明，爱泼斯坦的确是一位值得信赖的朋友。开始写作《宋庆龄传》那一年，爱泼斯坦已经70岁了，他经常到宋庆龄故居写作，寻找宋庆龄生前的痕迹，感受宋庆龄留给他的精神财富。经过十个春秋，爱泼斯坦终于完成了宋庆龄的嘱托，在1992年出版了《宋庆龄——二十世纪的伟大女性》这部杰出的著作。

中国就是我的家

1957年，经周恩来总理专门批示，爱泼斯坦申请并加入了中国国籍；7年后的1964年，又加入了中国共产党。在他的遗孀黄浣碧看来，这一决定对爱泼斯坦来说是一个"顺理成章的选择"。

"艾培一直把自己看作中国人民的一分子，并且通过接触和了解中国共产党，他相信中国共产党的很多理念同他的理念是一致的，他相信中国共产党能够领导中国的革命，能够领导中国的建设。"

但由于工作需要，共产党员这个身份很长时间内被严格保密，爱泼斯坦一直以外国专家的身份默默地工作，住在外文局的外国专家楼里。直到20世纪80年代，才公开了自己的真实身份，并搬到北京友谊宾馆的专家公寓。

爱泼斯坦也未能逃脱"文化大革命"的厄运。他和夫人邱茉莉被冠以"国际间谍"莫须有的罪名关进北京秦城监狱，一关就是五年。

但即使遭遇了不公正的对待，爱泼斯坦仍坚定他的信仰，他在回忆录《见证中国》中写道："**我从没有想过把离开中国作为一条出路。到了国境的那一边，在怀有敌意的新闻界面前，捶胸顿足地背弃我长期的信仰，然后在资本家的餐桌上赴宴享乐，这是我曾说过的抛下红旗、表示'改悔'的逃兵表现。我对自己起誓：我永远不会那样做。**"

爱泼斯坦生前在一次接受记者采访时幽默地说："我是秦城毕业的！"可想而知，那五年过得会怎样艰苦！

爱泼斯坦怀着对党、对中国人民的信任，坚持着、忍耐着，乐观坚强地度过了狱中生活。1973年春，周恩来总理在人民大会堂代表党中央向爱泼斯坦夫妇和其他受到错误对待的外国同志、外国专家平反，恢复名誉。周恩来还逐桌向他们一一致歉。爱泼斯坦夫妇只是感动得热泪盈眶，没有半句怨言，对这样的历史错误表示理解。

对于多舛的命运，爱泼斯坦显出了他天性的淡泊和豁达："**生命是短暂的，一百年对于一个人来说是足够长的，但在历史上也仅仅是一瞬间，而于人于国都很难说是一帆风顺的。有了这种思想准备，碰到什么困难都是可以迎刃而解的了。**"对生命的彻悟，显示出他高尚的精神境界。

由于爱泼斯坦对新中国的特殊贡献和一颗真挚的中国心，他受到中国人民发自内心的敬重，也受到党和政府的特殊礼遇。

1964年1月18日，毛泽东主席特别约见了爱泼斯坦等国际友人，对他们献身中国革命和建设事业表示感谢。邓小平、江泽民、胡锦涛等党和国家领导人都曾接见过爱泼斯坦，和他作过亲切的交谈。

在改革开放的新时期，爱泼斯坦承担了许多社会工作。1983年，爱泼斯

中国不会忘记

坦当选为全国政协常委,并从第六届连任到第十届。1981年宋庆龄逝世后,他更致力于传承宋庆龄的精神与事业,热情支持宋庆龄基金会及中国福利会(前身即"保卫中国同盟")的工作。

2019年9月25日,爱泼斯坦荣获新中国成立70周年"最美奋斗者"称号。

爱泼斯坦生前常说:"我走的是一条奇特的道路,从国际主义到爱国主义。"

对一般人而言,可能先有爱国主义再有国际主义,而爱泼斯坦正相反。爱国主义,即热爱和尊敬自己的国家和人民。这是一个人的坚强和永生的根。爱泼斯坦爱中国,他把自己完全当成了中国人,这不仅表现在他的政治立场和行动上,而且融入了他的整个身心:"我爱中国,爱中国人民,中国就是我的家,是这种爱把我的工作和生活同中国的命运联系在一起。"

世界上的所有定位和归途,其实都是有一定的选择余地的,也许正是这种选择的宽容度,最终决定了一个人的心灵趋向。作为一名杰出的新闻工作者,爱泼斯坦一生都在追求真理和真实,他是忠贞的国际主义战士,也是忠诚的爱国主义者。爱泼斯坦将他一生献给了他挚爱的土地,中国人民永远不会忘记他!

音乐欣赏

歌曲《在希望的田野上》

安娜·路易斯·斯特朗
美国进步作家和中国人民的朋友

安娜·路易斯·斯特朗，1885年出生于美国内布拉斯加州费伦得城的一户牧师家庭。大学就读于奥林伯学院，1908年获得了芝加哥大学的哲学博士学位。早年她就参与工人运动，致力于推动儿童福利事业。她于1918年到1920年，担任西雅图工会刊物的编辑。

1921年她前往俄国，开办《莫斯科新闻》，在世界范围介绍俄国。她在此生活了30年，期间访问了中国、波兰和墨西哥等国家，并热忱报道那里人民的革命斗争。

1925年6月19日，为了支援上海人民五卅反帝爱国运动，广州和香港爆发了规模宏大的省港大罢工。同年斯特朗第一次来到中国，采访了省港大罢工领导人之一的苏兆征。

两年后，她再次来到中国，走访收集了大量的资料素材，写下了著作《千千万万的中国人》，歌颂了大革命情形下湖南和湖北的农民斗争。在此期间，通过好友范妮·鲍罗廷的关系结识了宋庆龄。

中国不会忘记

斯特朗从1925年第一次来华,到1970年在北京辞世,接近半个世纪的时间里,她先后六次访问中国,并在中国度过了最后的时光。斯特朗心系中国,常常在危难的关键时刻,挺身而出,匡扶大义,同中国人民同风雨、共进退,用真挚的付出获得了中国人民的尊敬。她凭借精湛的观察能力,出色地报道了中国发生的历史事件,堪称"中国革命的见证者"。

报道中国抗战,采访解放区

1937年7月7日,驻华日军悍然发动"卢沟桥事变",日本开始全面侵华,全面抗战爆发。斯特朗取道威尼斯来到中国。

这期间,她阅读了斯诺写的《红星照耀中国》,仔细了解了中国共产党的活动,并动身联系了斯诺夫妇,向他们了解中国红军的状况。

斯特朗相信自己接触红军后会有很大收获。

于是决定去红军驻地采访,她在香港下了船,随即坐飞机到了武汉。

武汉呈现给她的"真是人世间痛苦的混乱局面"。

作为中国的临时首都,大量的难民从日本占领区向西逃难,街道、岸边和铁路交通沿线,每一寸土地上都是人,他们到处寻找食物、栖身之地以及走散的亲人,一时间整个城市人满为患。

斯特朗在武汉积极支持中国人民反对日本军国主义侵略的斗争,用自己的实际行动为中国的抗战呐喊、呼号。

1938年1月2日,她参加了中国妇女团联合会举办的国际妇女茶话会,她根据西班牙反法西斯的经验,对国民党片面抗战路线提出了批评,对共产党的群众路线给予了肯定。

在汉口住了几天之后,斯特朗决定立即动身去采访陕西的八路军,因为"要认识新中国,不仅要看汉口"。在汉口八路军办事处的协助下,斯特朗获准乘坐专用列车进入山西,去见西北八路军战士。与她同火车的还有民主人士李公朴教授和六百多名学生。

　　火车到了临汾，斯特朗等人被安顿在一个旧面粉厂的办公室里面过夜，那里距离八路军的驻地只有一天的路程。天刚刚亮，一辆老款福特货车来接斯特朗。车上加装了一些设施，坐上去晃荡不已。路况比她想的要艰巨得多，车子从山坡岩石上开过，向北穿过狭窄的山路，再穿过树林和木桥。经过一天的颠簸，终于在一个地图上没有标明的陌生村落停了下来。这里就是八路军的总部。

　　车子刚停好，大家还没有来得及下车，"一个满面尘土、灰蓝色装扮、朴素得像个农民的人"，隔着司机，用不标准的德语和她打招呼并握手。

　　"朱德！赤色的朱德，一个传奇式的英雄。"一个红军的最高司令官居然带着彭德怀、贺龙等高级将领亲自来迎接她的到来，这让她万分感动。

　　斯特朗在八路军的驻地住了十天。她和红军的工作人员、指战员一起用餐、交流、会谈，向他们了解当前的国共形势、革命的进程和抗战的相关情况。

　　晚上她睡在当地农家的土炕上。

　　通过采访，她发现，红军的领导人没有官架子，待人真诚随和，和普通战士一样，都是吃的同样的饭菜，并没有什么优待的地方。

　　她对这里的印象是：八路军的领导人很直率坦诚，他们之间会彼此尊重，无论是上级还是下级，从来不会像监工或者恩赐一样高高在上，而是推心置腹地平和地交流，他们的友谊很深。

　　在八路军总部，她多次访问朱德。朱德告诉她，共产党的办法就是打持久战，一直到最后取得胜利。

　　为了达到这个目标，军方除了教育和组织部队以外，还要在解放区内调动人民群众。

　　他们的士兵每天都要学习，就算在打仗的途中也要坚持。

　　另外这里的每个团都设有负责政治的工作人员，他们的职责就是教授当地的百姓，面对凶残的日本人怎样斗争，以及尽可能地帮助群众改善生活。

当斯特朗追问八路军的游击战时，朱德说，游击战也不是新事物，美国、法国等国都不同程度地运用过这种战术。他本人在德国留学过，但德国的模式对中国来说不适用，因为它太机械，而面对拥有优势军事装备的敌人，采取灵活的战术才行得通。

在和任弼时交流时，她知道了八路军动员广大群众抗日的情况，她感受到这是一支新型的军队，他们不奸淫掠夺，不拿群众一针一线，很尊重当地的农民，并在农忙时节，帮助他们收庄稼，特别是还教他们如何打赢战争等。

斯特朗心甘情愿地当八路军的学生，跟他们一起学习运动战的课程，听取战斗故事，还向人民军队学会了怎样和人民打成一片。

斯特朗发现，这支部队，还会运用多种多样的方式进行教育。前线的剧团会根据历史事件，创造歌剧节目。

让她吃惊的是，在偏僻的村庄里，居然还有两个剧团，虽然条件艰苦，但是演出效果很好，一到表演的时候，士兵都会热情地观看。直到晚上十点钟，演出结束后才会离开。

在驻地她还碰到了文学家丁玲，在看完丁玲的剧团表演后，斯特朗问她："中国文学的最近趋向是什么？"丁玲说，她们目前的重要任务就是拯救中国，推动救亡运动的开展。

丁玲还说，她们会演出戏剧和公开演讲，也会在农村的墙壁上画一些简单易懂的漫画，教授农民唱抗战的救亡歌曲，涂写宣传口号等。

两天后，丁玲跟随前线服务队出发了，斯特朗也怀着不舍的心情，离开了八路军驻地回到了汉口。

她回到武汉以后，用富有热情和生动的文字，不断地向世界各国介绍了中国共产党领导下的八路军和华北军民所作的抗日游击战争。

同年1月25日，中国国民外交协会邀请她参与活动，她以"马德里是怎样保卫的"为题，发表了振聋发聩的演说，鼓舞中国广大军民团结一致，坚决抵抗日军的疯狂进攻。

1938年4月，在离开中国的前几天，斯特朗给八路军的朱德写了一封情真意切的信，因为恰逢战乱，邮寄困难，信发在《新华日报》上：

亲爱的朱德先生：

现在已经是深夜二时，我这几天都是夜里两点钟睡觉，早上七点钟起床，明天早上我又要赴香港，我太疲倦了……但是，在离开武汉之前，我不能不给你说几句话，以表示对八路军同志们为我们共同的目的而献身的事业的敬佩，……中国的同志有一种艰苦奋斗的真诚，有一种对同志的炽热的热情……这在世界上其他地方是无法得到的。

……

在众多采访的资料基础上，斯特朗写出了《人类的五分之一》并出版，此书很快面世，极大地声援和鼓舞了中国人民的抗战信心。

独家揭露"皖南事变"真相

1940年12月，斯特朗亟须离开苏联，而阿拉木图到重庆的航线则是她能选择的唯一途径。因此，她乘坐这条航线飞抵重庆，无形间就开启了她第四次访华行程。

在重庆，她会见了爱泼斯坦、路易·艾黎和埃文斯·卡尔逊等人，通过这次交流，她了解了更多关于中国共产党和新四军的情况。

此外，她还在重庆碰见了李公朴，两年前前往山西的同车厢车友。李公朴邀请她参加重庆知识界首脑举办的会议，并请她介绍一些关于无党派联盟的建议。

在会议上,他给斯特朗起了一个中文名字——"史特朗"。李公朴说,"她(斯特朗)是一个对历史特别明朗的人物"。六年后,她才意识到那是一次重要的会议,因为中国民主同盟,一个新型的政党在那次会议中诞生了。

待在重庆的日子让她收获很多,尤其是跟周恩来的几次深夜交流。

第一次谈话,周恩来告诉她,这两年来,蒋介石的手下将领接连不断地发起与共产党军队的冲突。他们担心这种冲突变本加厉,因为国民党不断地侵扰共产党领导的根据地,还严密地拉起了封锁线,形势很危急。他就目前的这些冲突,给斯特朗好好地陈述了一遍,但他强调"你现在不要发表这些资料",要等他送信给她的时候,同意再发表。这样做的原因,主要是不希望让这些冲突加剧从而影响国共合作,但是,他们很愿意把资料交给信任的外国记者,如果到时候蒋介石疯狂进攻就可以揭露,从而让他们不至于被动。

在两人最后一次会面前,周恩来把多达 26 页的文章和相关的一些文件拿给了斯特朗,并让她保管。并叮嘱她要按照自己说的来做。斯特朗认为这是一种莫大的信任,于是便欣然接受了这个任务。

在斯特朗即将离开重庆的时候,蒋介石也向她发出了邀请。在谈及可能出现的问题时,蒋介石慷慨陈词,否认了任何和日本妥协的情况。但在斯特朗看来,这位中国"统帅"的话语有些惺惺作态,因此她对这次约见有些失落。心不在焉完成访谈后,她的所有心思都凝聚在一个问题上,那就是怎样能够安全地通过海关,因为她必须随身携带周恩来交给她的文件和资料。

带着忐忑不安的心情,通过海关检查,顺利到达香港后,她才松了口气。

很快,廖承志根据工作安排,过来联系上了她。两人早在 1925 年就见过面,廖承志现在的工作,主要是负责处理共产党的军事外交问题。

斯特朗将周恩来的原话转达,廖承志随即表示,时机一旦到来,自己会首先跟她联系。请她务必放心。

得到这样的肯定答复后，斯特朗便启程前往日本，停留几天后，就坐上前往旧金山的轮船。在回国的途中，斯特朗在广播断断续续的播报中，听到了重庆的一些消息……他们担心的事情终于发生了，蒋介石制造了震惊中外的"皖南事变"。

2月初，她接到了来自马尼拉的一封"无名信件"，简明扼要地点出了内容，"发表你所知之事的时机已经到来"。信的后面有共产党重建新四军的正式命令，还有一份重庆亲日派"革命军事委员会发言人"关于"十五个步骤"的声明，此举有正在把中国拉进法西斯阵营的阴谋。

这封信是1月26日寄送的，她收到信件时，"十五个步骤"的一部分已经实施了。斯特朗意识到事情很紧急，必须马上公布。于是连忙找到北美报业联盟，希望能刊发这些新闻，并按要求写好了评论文章，发表这些报道时却遇到了很大的困难。虽然这些报道很重要，但美国的通讯社和报业人员，几乎从来不会发表利于共产党的报道。最后，斯特朗把资料交给了在《纽约先驱论坛报》工作的一位朋友约瑟夫·巴恩斯。他的朋友高兴地在资料上加上了自己的名字，刊发了一些内情报道，并凭此获得了独家新闻的名誉。

报道很快传播开来，这个时候，斯特朗才发现，署名为巴恩斯的文章，就是她保存的"独家新闻"。此后，她又在《亚美》杂志上发表了自己的分析文章，揭露蒋介石设计围攻新四军、屠杀共产党人的阴谋。

经过她的揭露，国际上越来越多的人因此醒悟过来，了解了事情的真相，从而改变了他们的态度。

"一切反动派都是纸老虎"

1946年7月初，斯特朗乘坐飞机抵达中国。6日在上海和周恩来会谈，随后前往北平，同宋庆龄取得了联系，并于7月31日乘坐美军的飞机到达了延安。

中国不会忘记

斯特朗在延安会见了朱德，陈述了自己的想法，希望自己能够访问共产党管辖的一切地区，这样就可以全景式描写红色根据地。

朱德对她说，军事形势将会使局外人产生错觉，蒋介石似乎要侵占过去解放了的许多城镇。他们共产党的战略就是避免严重的伤亡，保存有生力量。他做了个形象的比喻，"国民党军队好比一条大船，而我们则像大海。大船来临时，大海不平静，但是，船过后，海水又流回来了"。

斯特朗提出的申请在几天后得到了批准。

考虑到安全情况，延安方面给她做了统筹安排，8月5日就可以采访一位重要人物，但因故延迟到6日。这天，她乘坐卡车来到杨家岭采访，陪同她一同前往的，除了时任宣传部部长的陆定一，还有黎巴嫩血统的美国医生马海德。

走过一段陡峭的小路，三人就停了下来，因为毛泽东主席已经在那里等候了。毛泽东身穿深蓝色的棉衣制服，膝盖上有明显的补丁，给人一种高大魁梧的感觉。

见面伊始，斯特朗有些紧张，但交流不久，她就放松了。毛泽东说话很亲切，给人质朴真诚的感觉，几人坐在苹果树下的矮凳上，开启了话题。

陆定一则充当翻译，在谈到国共两党的冲突时，毛泽东回答说：**"我们连一天也不愿再打下去，但是，如果我们不得不打，我们是能够一直打到底的，别人想屠杀我们，我们就得自卫，这是任何人都会理解的。"**

在谈及国际关系中的美帝国主义时，毛泽东一针见血，**"它变得孤独了。它的朋友中有那么多人已经死亡或病倒，即使盘尼西林也不能治好它们"**。

斯特朗突然想起，当天是美国空投原子弹到日本广岛一周年，就好奇地问："美国人会从冰岛、冲绳和中国的基地上投放原子弹直接进攻苏联吗？"

的确，这些基地会用来反对苏联。但是，毛泽东进一步指出，受美国压迫的人民不仅仅是苏联人，而是所有其他资本主义国家的人民。这些国家的广大群众不喜欢原子弹，他们会抵制它。

说到兴奋处，站起来的毛泽东又坐了下来，用手在斯特朗面前一挥，笑着说，美国反动派只不过是一只……。

他思考了片刻，说道："**纸老虎！**"

陆定一马上给斯特朗做了翻译："Strawman（稻草人）。"

斯特朗没有弄懂这个意思，于是追问了一句："Scarecrow（竖立在田野里吓唬鸟的稻草人）？"

"我不是这个意思，纸老虎不是插在一块田里的，它吓唬的是孩子而不是乌鸦。它的样子像是一只可怕的老虎，但实际上是纸糊的，一下雨，水一泡，就烂了。"

马海德立刻心领神会，用英语对斯特朗说："毛主席说的是paper-tiger！"

斯特朗一下子明白了，哈哈大笑起来，"Paper-tiger！Paper-tiger！这个比喻太恰当太精彩了！"

一切反动派都是"纸老虎"！ 看起来可怕，但经不起风吹雨淋。"从长远的观点来看，蒋介石——"毛泽东停下来吸了一口烟，接着用英语说了一句："Paper-tiger！"然后开心地问斯特朗："我这个理论，你觉得怎么样？"

斯特朗想了想，回答道："等一下，我是一个记者，我能够报道说毛泽东称蒋介石是一只'纸老虎'吗？"

"不要只是那么说，"毛泽东风趣地表示，"你可以这样说，如果蒋介石拥护人民的利益,他就是一只'铁老虎'。如果他背叛人民并向人民发动战争——这一点他现在正在做——他就是一只'纸老虎'，雨水也会把它冲走！但十多年来蒋介石所做的，正是后者。"

谈话的日子里，斯特朗心情不错。这里很有秩序，虽然很忙碌，但一切井井有条，除了国民党军队的飞机时不时地来轰炸，其他的一切都很平静，这段自由轻松的日子，她很享受。

在延安她又完成了几轮采访，和工人、医生、护士，乃至本地演出学校的演员们，都进行了交谈。了解得越多，她就越喜欢这个地方。在写给安格斯·卡梅伦的信中，她袒露了自己的心迹：

> 我想留在延安度过整个冬季……这里的老百姓是百折不挠的亚洲人……对我来说，使我想在这里的窑洞过冬的主要吸引力是"对人民的热爱"。

在去其他解放区之前，斯特朗按照约定日期和毛泽东又进行了一次长时间的交谈。

第一次谈话后不久，美国就向蒋介石的国民党军队提供了价值近十亿美元的军需品，斯特朗询问毛泽东对此行动的看法。

毛泽东表示自己很愤怒和失望，在被问到中国共产党会不会因此而担忧时，他回答说：未必如此。在你停留延安的这个月里，我们就已消灭了国民党十四个旅。现在，是从美国那里向蒋先生进行大输血，但同时这又是从蒋先生那里向我们再输血。蒋先生从美国取得供应，而我们要靠他取得这些供应。尽管我们有人员伤亡，但是蒋先生的士兵能及时取代补充。

毛泽东用揶揄的口气说：蒋先生的士兵今天被俘交了枪，明天就能站在我们一边去打仗。这就是辩证法。

"这个战争很奇怪，二十年来我们的一切东西都要靠敌人来供应。"

"共产党人现在是否还有可能被打败呢？"她抛出问题，本以为毛泽东的回答是否定的，没想到，他的回答让她颇感意外。

因为他说：这将取决于他们能否妥善处理土地问题。如果千百万农民分到了土地，而且急切热情地保卫自己的土地……他的声调逐渐提升，最后高声说道：目前他们可能失去承德、哈尔滨以及山东省的沿海港口乃至张家口，但是，农村土地问题将起最后的决定作用。

毛泽东说：美国决定增强蒋介石的实力，这标志着"帝国主义者已有他们自己的决策，那就是要通过蒋介石先生，把我们国家变成他们的殖民地"。

这样的看法很有预见性：那就是如果蒋介石完不成要求，美国就会插手，但他表示这样做"对美帝国主义将是沉重的负担，因为他们已日益陷入维持世界上一切反动派的困境中去。摩天大厦倒很高，根基却较小"。

毛泽东辩证地说：原子弹的诞生是美帝国主义死亡的开始。因为他们从此只考虑原子弹而不考虑人民。谁依靠人民，谁才需要维护和平。谁依靠原子弹，谁就需要战争。这样，帝国主义与人民之间的对抗就日益加剧。归根到底，原子弹不会消灭人民，而人民却要消灭原子弹。"

采访完毕后，斯特朗将手上的稿件整理出来，定稿后送往北平。

9月11日，她又前往华北和东北一带进行采访，足迹遍布张家口、哈尔滨等城市，每天都及时撰写新闻报道，然后及时地发表在报刊上。

1946年10月底，她又回到了延安。

恋恋不舍离开延安

时间到了1946年的冬天，很多外国人都完成了报道先后离开，但斯特朗似乎很享受这里的生活。

这个冬天，她先后完成了关于"纸老虎"等问题的采访，写了诸如《毛泽东的思想》等一系列文章。

她的写作独辟蹊径，别具特色，关于毛泽东思想的文章很快被译成中文并在延安的高级干部中获得热烈的反响。当她离开的时候，这篇文章也随之被翻译成了英文，并公开发表。

1947年2月10日前后，毛泽东和周恩来会见了斯特朗，告知她，他们即将到山区度过一段艰难的日子，所以为了她本人着想，劝她离开解放区。

斯特朗已经习惯了延安的生活，于是找到陆定一，把自己想留在延安的想法告诉了他，请他帮忙说情。

但陆定一考虑斯特朗岁数大，并且腿也呈现浮肿的状态，加上此次红军撤退要徒步行走，路程和前途未知，所以他也劝她离开延安。

她是一个执着的人，为了证明自己的身体没问题，每天都坚持从她的住处徒步走到枣园，并告知陆定一："你看，我有的是持久的精力和体力！"

陆定一被她的行动感动，但他也没有办法，只好告诉斯特朗："这是中央的决定。毛泽东主席希望你能把你采访到的重要信息发向全世界。"

斯特朗接着话题，自己很希望跟随部队一起转移，她可以徒步，走不了还可以骑骡子，只是希望不要把她甩开。

为了做好斯特朗的安抚工作，周恩来邀请她前往自己的窑洞吃晚饭，毛泽东和朱德作陪，此外还邀请了马海德等人。

毛泽东和斯特朗边吃边聊。饭后，他有事先走，朱德就外国友人关注的话题统一做了解答，他说："你们都要求跟我们留在陕北。我们已经决定，除了安娜·路易斯之外，你们都可以留下来。乔治（马海德）正好有任务去北平，就请他护送安娜·路易斯到那里去。"

斯特朗无奈，只好接受这个决定。在离开延安的前一天，她应邀前往杨家岭看戏，毛泽东和周恩来给她准备了第一排的好位置并陪伴她看完。

随后，周恩来将一本《关于党的若干历史问题的决议》小书送给斯特朗。毛泽东则挑选了一本《关于边区的经济与财政报告》给她。

"安娜·路易斯，我希望你设法让全世界的共产党组织都知道这两份文件，并且特别希望你能把这些文件交给美国和东欧国家的共产党领导人。"毛泽东补充说，"但我并不认为你有必要把这些文件带到莫斯科去。"

……

"你在离开延安以后,一定会听到敌人传布的许多关于我们的所谓'暴行'的谣言。不过你一定记得你在许多地方看到过我们的部队,它是世界上若干最有纪律的部队之一。"

接着毛泽东就当前的形势发表了他的看法。

1947年2月14日,斯特朗在马海德的陪同下,乘坐美军观察组的飞机离开延安。

仅仅七个小时后,蒋介石的轰炸机就对延安根据地进行了狂轰滥炸。

斯特朗离开延安辗转到了上海,她定居在百老汇大厦,静下心来,开始构思创作一本关于延安的书。

同时她也向纽约的远东民主政策委员会发电报,让他们帮忙安排三场大型的演讲,自己将会亲临会场,把解放区的最新消息告诉全体美国人,传达给全世界。

在上海,她在外国记者聚集的酒吧侃侃而谈,陈述华北解放区的见闻和共产党的军事战略方针。

就这样,斯特朗在记者群名声渐旺,她的著作也很快传遍日本、印度等东南亚和欧洲等国家,收获了不少粉丝。其中就有燕京大学前校长、美国驻中国大使司徒雷登。

司徒雷登建议斯特朗办一次集会,这样就可以让美国的团体理解共产党,斯特朗接受了,但她发现自己的陈述和司徒雷登的要求有出入。她不知道,司徒雷登之所以这么建议,主要是想借此试探共产党的和平谈判诚意。因为共产党突然在中国山区消失了。

如果要联系,那就向新闻界宣布自己想要和共产党会谈,这样那边一定会收到的。斯特朗建议。

司徒雷登没有接话,斯特朗坐不住了,质问:"大使先生,你说的谈判是什么样的谈判？边谈边打，还是先停战后谈判？"

"我坚持主张在谈判期间双方停战……"

"这是不可能的！"斯特朗打断了他，分析了当前国共双方的形势，并给出了严密的逻辑推理，"看看当前的形势吧，整个华北乃至东北，蒋介石的部队已经夺取了坚固设防的城市。靠美国空军，他们想到哪里就到哪里。但是在他们周围的广大乡村的农民，却是站在共产党人一边的。一旦蒋介石的部队出城进行掠夺，农民们就会起来迎战。现在你需要停火谈判，难道固守城内的蒋介石的部队在停火时有粮食吃吗？他们不需要吃粮食吗？如果需要吃粮食，美国能够完全靠空运满足他们的粮食需要吗？如果不能，难道他们就不会走出城从农民手中抢夺吗？一旦他们出来抢夺农民的粮食，农民们会双手交粮，还是会迎战抵抗？在这种情况下，你就不可能制止战斗。"

虽然她分析得有道理，但司徒雷登显然并没有听进去。对此，她也很苦恼，简直想不到：**"这个一辈子生活在中国的男子汉，竟然不懂得她认为是极简单的事理。"** 更让她烦恼的是：**"在美国竟然没有人关心中国。"**

1947年5月，《中国的黎明》一书完稿。

7月，她到苏联举行旅游演讲，1949年2月，大力宣传苏联革命成就的斯特朗因"特务罪"在苏联被捕，随后被驱逐离境。六年后才被平反。在1949年，她又创作并出版了《中国人征服中国》。

1958年9月22日，已经73岁高龄的斯特朗第六次来到了中国，定居在周恩来给她安排的北京保卫世界和平委员会大院。

1958年参加访问西藏的记者团，写下了《西藏农奴站起来》。

1962年开始，她接受周恩来的工作安排，编写《中国通讯》，向全世界宣传和介绍新中国的发展，一心扑在工作上。

1965年11月24日，斯特朗80岁，毛泽东和周恩来为她举办生日宴会。

1970年，已经84岁的斯特朗身体状况不佳，因为患上了帕格特的后遗症，走路都很困难,需要借助拐杖,这一次,她留在了中国。

3月29日斯特朗在北京病逝。

安娜·路易斯·斯特朗是美国的进步作家,也中国人民真诚的朋友,她一生向往革命,追求进步,爱憎分明。在人生85个春秋的风雨里,她将三分之一奉献给了中国,她不顾个人安危,敬业奉献,报道精益求精,持续聚焦于中国的革命事业;呕心沥血,积极宣传,增进了各国人民对中国的了解;她心系中国,追求光明和真理,为中国人民的事业奋斗到生命最后一刻,她的一生是光辉的一生,也是战斗的一生。

音乐欣赏

歌曲《再见吧 妈妈》

约翰·拉贝
拯救25万中国苍生的"东方辛德勒"

> 很多日本人都会认为我在投下原子弹以后会后悔，会遭到良心的谴责，因为我使数以万计的日本人丧失了生命。
>
> 但我不这么认为，因为我曾亲眼见过南京大屠杀纪录片，看见日本士兵用刺刀挑破中国孕妇的肚子，将胎儿从中国孕妇的肚子里挑出来，手段极其残忍。
>
> 日本人只会想到自己被原子弹轰炸，但是从来没有想过自己为什么被原子弹轰炸。
>
> ——美国空军飞行员保罗·蒂贝茨

那年，南京大屠杀幸存者夏淑琴八岁，一家九口租住在南京新街口五号。一天上午，一队三十多人的日本兵敲门，刚刚打开门的房主就遭到枪杀，紧接着夏淑琴的父亲、外祖父母被枪打死，一岁的小妹妹被摔死，母亲、大姐和二姐被轮奸后刺死，夏淑琴被刺了三刀，昏死过去。后来，夏淑琴在四岁妹妹的哭声中醒来，两个孩子在满是亲人尸体的屋子里躲了14天，直到被邻居发现才得救。

约翰·拉贝 —— 拯救 25 万中国苍生的"东方辛德勒"

这一幕幕惨绝人寰的场景,被一个人记录在了日记里。

日记的记录者叫约翰·拉贝,德国人。

1937 年,日军在南京城及附近地区展开了长达四十多天的抢掠、强奸、大屠杀,死亡人数超过 30 万。侵华日军公然违反国际条约和人类基本道德准则,制造了史上空前的浩劫,犯下了罄竹难书的反人类罪行。

就在日军进攻南京前夕,拉贝发起建立了南京安全区,为约 25 万中国平民提供了暂时栖身避难的场所。他还在自己的住宅庇护了六百多名中国难民,并在日记里揭露了侵华日军的罪行。回到德国后,拉贝四处演讲、作报告,继续控诉日军在南京的罪恶。

在拉贝去世后的 1996 年 12 月,一部两千多页的《拉贝日记》首次向外界公开,震惊全世界,被认为是南京大屠杀最重要、最翔实的史料之一。

拉贝让我们想到了同样是德国人的辛德勒,同样是二战时期,同样面对邪恶强大的军国主义,辛德勒拯救了一千一百余名犹太人,而拉贝当年所处的环境更加艰险,他足足拯救了 25 万人,其功绩可歌可泣,善举感天动地。

拉贝无愧于"东方辛德勒",他的正义与大爱,将永载史册,被世代中国人铭记!

一位德国人的中国缘

1882 年 11 月 23 日,在德国汉堡的一座美丽小镇,诞生了一位活泼好动的小男孩,取名约翰·拉贝,他有一双大大的眼睛,充满着对世界的好奇。

拉贝的父亲是一名船长,从小就给他讲述行船至各国的奇异经历。正是在父亲的讲述中,拉贝知道了很多国家的风土人情和奇特习俗。在父亲所讲的所有国家中，拉贝对于中国尤感兴趣。

中国，这个位于亚洲东部的古老国家，在拉贝的眼中充满了神秘色彩。在拉贝小的时候，他就在心里暗下决心：如果有机会一定要到中国去看一看。

年幼的拉贝甚至想过继承父亲的大船，去征服大海，驶向中国。不承想飞来横祸，父亲出海遭遇意外，永远地离开了他，拉贝和母亲开始了拮据生活。为了生计，拉贝初中毕业后来到非洲殖民地莫桑比克工作，在这里他第一次见到了国外的世界，他同情非洲人民的悲惨生活，可他不能为他们做些什么。几年后由于出色的工作表现，他被西门子公司聘用并派遣到中国工作。

这一年，拉贝26岁，他终于如愿踏上了这片自己神往已久的土地。拉贝不光自己来了，他还带来了自己的未婚妻。两年后，二人在北京举行婚礼，永结百年之好。

拉贝一家在中国生活了近三十年，他的儿子、女儿、外孙女都在中国出生、长大，甚至有的结婚生子。中国就是拉贝的第二故乡。

在中国，因为长期走南闯北经商的原因，拉贝俨然成了一个"中国通"，比如他笔下的北京隆福寺是这样的：

> 如果在北京生活感到有点无聊的话，那最好查看一下日历，看今天的日期是不是以〇或九结尾，因为在西门子公司北部一点的老寺庙隆福寺里每十天就会有一次集贸市场。在市场上不仅可以买到行家或自称行家的人一致认为的"货真价实"的文物，还能买到任何家庭用品。这个市场无论对老人还是年轻人、中国人还是欧洲人都有很大的吸引力。
>
> ……
>
> 再往里是卖鸟的，鸽子、百灵、麻雀、金丝雀（其中大部分都是涂了颜色的麻雀）和其他鸟雀应有尽有。鸟儿们会表演，飞着衔

> 回用吹弹筒吹出去的接骨木球,再返回到主人身边。鸟食和雕刻精美的鸟笼都是市场上很受欢迎的东西……

还有他眼中的北京市井生活是这样的:

> 满人和汉人有大脚小脚的区别;外国人无福消受京剧;他戏称小孩梳着朝天辫有"避雷针"的作用……

拉贝被这个拥有五千年历史文化底蕴的国家深深吸引,他感到虽然身处的中国正在遭受列强欺压,但其中的历史文化并不会消失,他始终对中国产生强烈的兴趣。

拉贝去过中国的沈阳、北京、天津、上海等地,直到1931年,他才在南京定居下来,住在广州路小粉桥一号一幢带院子的独立小楼。他的身份之一,是西门子南京代表处的负责人,负责经销通讯器材、防空报警系统、电话系统、交通材料等,兼任商人协会会长、校长等职。

同时,拉贝还有一个新的身份——德国纳粹党驻中国南京分部的副部长。

没错,拉贝是一名纳粹党员。

当然,他是由于形势所迫才加入德国纳粹党,但拉贝始终秉承着人道主义,从来没有参加过任何杀烧抢掠的行动。

因不堪受辱与日本兵殊死搏斗,被刺37刀的南京大屠杀幸存者李秀英回忆说:"**拉贝是一个商人,不是兵,但是他利用他的特殊地位保护我们中国人。当时只要遇到了麻烦,中国人就去找拉贝,他立刻就来。拉贝利用他的特殊地位,和日本人谈判……当时我们完全不知道拉贝是纳粹党员。不管他是不是纳粹党员,它同我们没有什么关系。但拉贝是一个好人,我们将永远怀念他。**"

在拉贝55岁那年,他亲眼见证了那段血腥历史。1937年7月,抗日战争

中国不会忘记

全面爆发，随后日军大举进攻上海，并开始轰炸南京，他眼中曾经熟悉、繁华的南京在日军铁蹄践踏下变得那么的陌生、死寂。

9月21日，日军发出最后通牒，要求所有外国人尽快离开南京。一时间，外国人纷纷逃离这个是非之地。11月，国民政府陆续撤离南京，各国的大使们也开始着手准备撤离，"库特沃"号轮船早已整装待发，将实施在南京的德国人的撤离工作。

"他太爱这个国家和人民，以至于他忘记了自己不是中国人。"拉贝公司的同事，甚至日本大使馆的官员们都纷纷劝他快点离开南京，但拉贝不肯。

"我一生中最美好的青年时代都在这个国家愉快度过，我的儿孙都出生在这里，我的事业在这里得到了成功，我始终得到了中国人的厚待。

"现在，善待了我这么多年的中国遇到了困难。那些没能力逃走的人，即将面临被屠杀的风险。假如他们是我的同胞呢？我难道不应该设法帮助他们吗？"

拉贝非常肯定地告诉大家："不管发生什么事，我都会留在南京。"

"拉贝小院"点亮希望之光

1937年12月13日，古都南京陷落。

在之后的一个多月时间里，整个人类文明史都罕见的兽行，在南京的各个角落里每时每刻都在上演。那个以文明和自律而自豪，尊崇所谓"武士道"精神的军队，上至军官，下到士兵，如同地狱里爬出的万千恶鬼，用突破人类想象力和耻辱度的残暴行为，不断突破人类文明的底线。

"救命啊！天杀啊！"发了疯似的惨叫从一栋破屋里传出来，声音里透出无助、绝望。

拉贝停下了脚步，这凄惨的叫声不绝于耳，每天都有，满大街到处都是，声声都击打在他的心脏上。

这时，一个步履蹒跚、脸上挂满恐惧泪痕的母亲夺门而出奔向拉贝面前，扑通一声双膝跪下，她绝望地张开双手看着拉贝，她说不出话只一个劲地哭泣。拉贝明白，她需要帮忙。

拉贝拔腿就冲进那所快要倒塌的房内，看见一个日军全身赤裸裸地趴在一个哭得声嘶力竭的少女身上。"stop！"也许是拉贝的突然出现和大声呼喝震住了那个下流无耻的日军。他停止了侵犯，愤怒地朝拉贝瞪了一眼，赤裸着全身，手中只拿着一条裤子逃走了，还不忘丢下一句极具讽刺的"新年快乐"。

拉贝几乎每天都会整理出一份日军暴行记录汇编，"枪毙""砍头"和"强奸"这些名词几乎充斥了每一页。他将有的直接交给日军指挥官和日本大使馆以示抗议。同时他还将报告分送英、美等国使馆，希望通过国际舆论制止暴行。

当然，日本人又怎会在乎他的声音？虽然有时也会表示一声"非常遗憾"，但仍旧没有收敛，我行我素。

他的正义行动遭到了日本侵略者的愤恨，但碍于德日同盟不敢加害于他。拉贝明白，不能只是写日记，他决定尽己所能救一个是一个。

他将自己住的那栋小楼，变成了一个难民收容所，拉贝听从内心的召唤，不顾危险，只要看见日军侵害中国老百姓，拉贝都会想方设法解救下来带回自己的小院。

一开始，只是拉贝家附近的邻居躲了进来，再后来，"躲进拉贝家就没事了"这一消息迅速传开，四周的难民开始向能救命的"拉贝小院"聚集——只要能有一丁点儿地方空余，拉贝来者不拒。

中国不会忘记

"拉贝小院"里的灯火，让身处日军暴行中的人们看到了生存的希望。不大的小院子有时一下子涌来很多难民，拉贝索性在院子里搭起了芦苇棚，铺上稻草。据当年住在"拉贝小院"里的丁永庆老人回忆，天冷后地上潮湿，拉贝给难民们每人都发萝卜根，让他们煮着吃祛湿。

在当时困难的条件下，拉贝努力给院子里所有的难民每天一人发一小杯米，一个星期发一次萝卜根和蚕豆。"我知道很少，但我已经尽力了。"拉贝安慰着难民，总觉得还做得不够周到。

每一个在拉贝家院子里出生的中国新生儿，都会得到拉贝的礼物——男孩十美元，女孩9.5美元。不少中国父母就把男孩取名叫"拉贝"，女孩取名叫"朵拉"（拉贝的妻子名）。

这一年的圣诞节，几名中国人买来了整个南京城唯一的一棵圣诞树，还有一些圣诞玫瑰和蜡烛，认真地把房子装点了起来。这让拉贝十分感动，他在日记中写道："我得到了一份预料不到的再好不过的圣诞礼物，那就是六百多个人的性命。"

对于这些难民们来说，只要看到"拉贝小院"的灯光还亮着，就看到了希望。能够住进"拉贝小院"，不仅仅代表着可以满足温饱，保全家庭，更重要的是能够保住性命和免遭羞辱。

幸存者汤英忘不了那个惊心动魄的夜晚：

那天晚上，有三个日本士兵从拉贝家院子的围墙外翻了进来，当他们用刺刀顶着一个中国女子要推出围墙的时候，被外出办事归来的拉贝碰个正着。

"喇叭先生回来了！"所有的难民齐声大喊——他们一直把"拉贝"喊成"喇叭"。

拉贝像一头怒不可遏的狮子一样冲了进来，对着日本士兵用英语大吼，叫他们滚出去。日本士兵看着拉贝手臂上的纳粹标志，尴尬地想从大门走出去。"不行！"拉贝用身体挡住大门，断然拒绝，"你们从哪儿爬进来，就从哪儿爬出去！"

无恶不作的日本兵翻围墙的事几乎每天都在发生，大多数情况下，拉贝只需要亮出自己的纳粹袖标或者大喊一声"德意志"和"希特勒"，他们就会立刻变得很有"礼貌"，然后灰溜溜地逃走。

为了防止日军飞机空袭，拉贝带领大家在院子里建起了一个防空洞，每次空袭来临，防空洞里人挤人"就像罐头里的沙丁鱼一般"。空袭结束后，原本繁华的南京城变得支离破碎、满目疮痍，"一大群人站在巨大弹坑的周围，正在从这些中国房子的废墟里寻找出尸体碎块，放进准备好的棺材里。人群里寂静无声，只听见站在后面的妇女们在哭泣。"

"这是一段无休无止的恐怖岁月，无论人们怎么想象都丝毫不会过分。在雨中，我的难民们相互依偎着挤在院子里，无言地注视着美丽得可怕的熊熊火焰。如果火焰蔓延到我们这里，这些最可怜的人们就没有出路了，我是他们最后的希望。"悲愤的拉贝在院子里撑起了一面长6米宽3米的纳粹旗帜，那是他和家人一起用床单做的，目的是为了让日本飞机看到不要投下炸弹，也是"警告"所有的日本人看到后能够"绕道而行"，不要伤害院子里的难民。

"四只角都绷得紧紧的，日本人从天上看见，就不敢扔炸弹了。"幸存者孙有明到现在都还记得这面旗，很多人和他一样，在寒冬里温暖的"拉贝小院"活过了他们生命中最漫长的一个冬天。

风雨中倔强挺立的"安全区"

死亡、恐惧、悲痛笼罩着整个南京。急匆匆从北戴河结束休假赶回南京的拉贝与留下的20名外国人决定成立国际委员会，建立一个安全区，供平民

中国不会忘记

躲避战乱。

设想是，安全区以美国大使馆、金陵大学、金陵女子文理学院、金陵神学院等机构为中心，占地约 3.86 平方公里，共设立 25 处难民收容所。

因为当时德国与日本是同盟关系，所以大家推荐拉贝担任国际委员会的主席。

拉贝给日本大使发去电报，请求日本政府同意设立安全区，并保证安全区内平民的安全。然而，电报如石沉大海，日本当局迟迟没有给出答复。

于是，拉贝又给德国当局发去了一封电报，遗憾的是，也没能得到支持。恰在这时，日本当局给出了回复："日本政府已获悉你们建立安全区的申请，却不得不遗憾地对此予以否决……但是，只要与日方必要的军事措施不相冲突，日本政府将努力尊重此区域。"

在别人看来这几乎是"断然拒绝"，但拉贝似乎从最后一句中看到了些许的希望，他每天脚步不停，在中国政府、日方、德国政府之间斡旋交涉有关安全区的事宜。最终得到了日本特务机关的允诺：安全区可以从外面运粮食进去，区内可留警察，但安全区出入口必须由日军驻守。

随后，日军开始大肆屠杀无辜百姓，焚烧房屋，老百姓纷纷逃往安全区避难。为了确保难民安全，拉贝每天亲自在安全区站岗。日本人由于拉贝的特殊身份不敢对他的安全区动手，但却嚣张跋扈地在安全区面前闹事，引诱中国人出来将其杀害，甚至还将尸体堆积在安全区外。

尽管如此，日军还是不时强行闯入安全区，劫掠财物、奸淫妇女、抓捕杀害青壮年男子。安全区犹如暴风雨中飘摇的孤岛，倔强地挺立着，像一盏明灯给难民们带来生的希望。

拉贝和同仁们在司法部大楼安置了一千余名放下武器的中国士兵，结果有一半人被日军捆绑着强行拖走杀害。他"被这种做法惊呆了"。

这还不算完，日军还将一名中国军人绑在竹床上杀害后扔在拉贝小院子的附近一直没有埋葬，也不允许别人收尸。在其后六周中，这具尸体成了日军对拉贝的一个威胁性提示，告诉他这只是一个小小的开始。

果然，12月16日，仅安全区一夜之间就有一千名女性被强奸；12月22日，在安全区的一个池塘里发现30具被枪杀的平民的尸体，他们大部分被反绑双手，有些人脖子上还挂着石块；12月24日，在放尸首的地下室，一个老百姓眼珠被烧出来了，日本兵把汽油倒在他头上，整个头都烧焦了；1月3日，估计有两千放下武器的中国士兵被日本人刺杀……拉贝痛心祈祷："但愿就这么多了！"

拉贝每天在安全区附近不停地与时间、与日军赛跑抢人。

有一次，四个日军开了一辆卡车来到金陵大学难民收容所抓抢妇女，当时虽然有美英等外国籍国际安全委员会成员在场，但他们都被日军制服了，恰巧拉贝来此办事，日军见到身穿德国军装，头戴钢盔，足蹬军靴，腰别短枪的拉贝，才怏怏离去。

不仅杀人，日军还中断南京城内的大米供应，并包围拉贝的总部大楼，企图抢夺汽油、柴油等战略储备物资，拉贝当即组织同事们将这些物资转移到了安全地方。尤其无耻的是，在德国安全区房屋里难民维持最低生活的物品，日军也没有放过，就连英国教堂也被日军扫荡个遍。

悲愤至极的拉贝身心俱疲，糖尿病时时发作，几乎打光了身边所有的胰岛素，他两次累得昏倒。也只有在夜深人静的时候，他才将情绪宣泄到日记里，记录下日军的一桩桩暴行。

"在那场持续六周的人间炼狱里，据数据统计，南京大屠杀每隔12秒就有一人遇难。"哪里还需要什么修辞手法，如果要拍摄"人类浩劫"影像片，这时的南京城根本不需布景。即便是干枯的流水记录，日军所犯下的滔天罪行也罄竹难书。

1938年，西门子总部迫于压力召回拉贝。这年1月31日，是中国农历春节。

在得知拉贝将要回德国后，一批难民排着队向他三鞠躬，并献上一块红绸布，上面题了几个金色的中国字："您是几十万人的活菩萨！"可是拉贝心里仍隐隐作痛，因为一切"还没有一个圆满的结局"。

然而，人们却等来了最坏的结局。在日军的强力逼迫下，安全区委员会遭到解散，安全区不复存在。在这几个月期间，安全区共庇护了25万中国难民。

回国前夕，金陵大学难民收容所三千余名妇女哭喊着包围了拉贝的汽车，只见他默默地下了车，拖着蹒跚的背影径直步行离开他担任主席的国际安全区。

"南京好人"归国梦魇与《拉贝日记》重现

2005年，一批旅德华人为拉贝竖立了一座铜像，上面写着四个字："南京好人！"

拉贝当之无愧。

1938年4月，拉贝回到德国后，一刻不停地在汉堡、慕尼黑、汉诺威等市多次发表演讲，播放纪录片，向德国民众公开日本法西斯的残暴行为。

两个月后，拉贝还给希特勒寄去一份揭露日军暴行的书面报告，希望德国政府出面对日施压。这份报告长达260页，附有22张日军暴行的照片，拉贝可谓极为用心。

就在报告寄出几天后，拉贝等到的不是德国当局对日本的谴责，而是盖世太保来到他家将他拘留，并没收他许多珍贵的日记和影像资料，警告他不许再进行反日演讲。在被勒令必须保持沉默后，他才被释放。拉贝失望至极，要求退出纳粹党，但遭到拒绝。

在二战期间，拉贝在国内处境艰难，不断受到来自盖世太保的讯问和警告威胁，但是他顶住巨大压力，仍然暗中整理见闻日记和相关资料，以期有朝一日，能将历史真相留给后人。

1945年5月，德国战败，身为纳粹党的拉贝先后被苏联和英国逮捕。东京审判期间，中国政府曾邀请拉贝前来作证，他不知道自己的命运将何去何从，只好婉拒。1946年6月，中国政府为他寄去了多份担保信件，证明他在南京的所作所为，拉贝才被同盟国去纳粹化和释放。

此时，64岁的拉贝虽然获得了自由，但贫病交加，生活拮据。**在他最消沉的日子里，南京人民为他募捐，为他寄赠食物，使他重新燃起了生活的勇气。**

1950年1月5日，拉贝于柏林逝世。当时无人知晓，没有任何形式的悼念活动，他的墓碑上也仅书写着**"一个好人，一个不屈的人，约翰·拉贝"**。

此后的几十年，拉贝的名字被人遗忘，直到半个多世纪后，拉贝才犹如凯旋的英雄，从历史迷雾中向我们走来。

1996年，美国华裔作家张纯如为了写作《南京暴行：被遗忘的大屠杀》，找到了拉贝的外孙女莱因哈特夫人，而且意外发现了她保存的拉贝在南京大屠杀期间写的日记——《拉贝日记》。

莱因哈特夫人在拉贝去世时收到《拉贝日记》九册作为遗产继承，她曾一度对朋友说不能把这些日记留在家里，因她**"打开日记所读到的都是流着的血""如果跟日记在一起的话，会窒息"**。

这一年，在美国纽约举行的南京大屠杀纪念大会上，65岁的莱因哈特夫人向世界各地记者展示外祖父战时日记，轰动全球，随后《拉贝日记》出版并被译为中、英、日、德四种语言。

这部尘封了七十多年的南京大屠杀的第一手资料，详细记录了拉贝所见所闻的五百多次日军暴行。《拉贝日记》被公认为是研究南京大屠杀事件数量最多、保存得最为完整的史料。铁证如山，日本再也无法为南京大屠杀耍赖了！

2009年2月5日，南京大屠杀幸存者夏淑琴诉日本右翼侵害名誉权案在日本终审胜诉。她正是拉贝在日记中提到名字的一个幸存者，她时常抚摸着珍藏已久的拉贝照片，每每回忆起拉贝的救命之恩，夏淑琴无法释怀，**"我们**

都感激拉贝先生"。

对于《拉贝日记》帮助夏淑琴告倒了日本右翼,拉贝之孙托马斯·拉贝非常欣慰:"这是应该的,就像当年德国人也赔偿了犹太人。"

在电影《拉贝日记》中,有位 82 岁的南京大屠杀幸存者李奶奶客串演出了一个难民,李奶奶表示:"第一次演电影,其实就是希望能够报答一下拉贝,他救了我们那么多人的命,我们却没能为他做点什么。"

《拉贝日记》里的故事是一体两面的。一方面记录了战争与屠杀的残酷,令人不寒而栗;另一方面,也证明人类应当对人性抱有信心、对和平抱有信心。

拉贝不曾离开我们

"拉贝的家人与中国人民的友谊已持续了四代,今年,我和我的家人也亲身体验了中国的那句俗语——患难见真情。"

2020 年 12 月 13 日,《命运与共——拉贝及家族与中国的友谊》主题展览开幕之际,托马斯·拉贝传来了一段视频寄语。

2020 年 3 月,中国驻德国大使馆接到一通来自海德堡的电话,海德堡大学医学院的医生托马斯·拉贝请中方为他和他所在的医院提供几种急缺的抗击新冠肺炎疫情药物。

一场跨越八十多年的互助行动迅速打响。中国多方筹措,联系药企紧急增产,克服交通运输难题,终于在 4 月 21 日将指定药品、防护服、口罩等医疗物资送到了托马斯·拉贝手上。

"在人类战争史上,总有一些人,像灯塔一样,为身处黑暗恐怖里的人们带来光明与和平的曙光……"南京人民创作的诗歌《拉贝的诉说》传唱不衰。

在南京,每年的 11 月都会举办"感恩·南京安全区"国际和平徒步,人们通过各种方式表达对以拉贝为代表的国际友人的感谢和敬意。这次,南京市将防疫物资捐赠给拉贝后人和他的家乡,让"拉贝精神"以另一种方式再次延续。

"希望每个中国人，都能记住浩劫中留守危城的同胞……他们的精神，要在我们和我们的后代身上继续传承。"一位南京大屠杀幸存者后代如是说。

为了纪念拉贝，其在德国柏林的墓碑于 1997 年运抵南京，现保存在侵华日军南京大屠杀遇难同胞纪念馆内。

然而，在德国的拉贝墓地因无人续约曾面临要被拆除的窘境。得知这一情况后，南京市政府派专人赴德修葺拉贝墓地，并于 2013 年 12 月 11 日落成。

松、竹、菊掩映之中，一块黑白两色花岗岩雕刻成的字母 N 形墓碑伫立在柏林西郊的威廉皇帝纪念教堂墓地。中间一块青铜浮雕上，一位头发谢顶、戴圆框眼镜的男子正深情凝望远方。墓碑基座由雨花石铺垫，前方一块铭牌上刻着"感恩——永远铭记拉贝先生的国际人道主义善举"字样。

N 字形墓碑和雨花石体现了他同南京割裂不断的联系，黑白两色则象征着血雨腥风的抗战岁月。南京人民还一次性付清了墓地四十年的管理费用。

托马斯·拉贝曾对媒体感慨地说："作为拉贝的后人，我很感谢中国人民没有忘记我的祖父和我们。"

拉贝先生故居位于如今的南京市鼓楼区小粉桥一号南京大学内，同时建有南京大学拉贝与国际安全区纪念馆和南京大学拉贝国际和平与冲突化解研究交流中心。

在拉贝故居门厅内的桌上，放着一本留言簿，上面写满来访者的参观感言，留言者上至年过八旬的老翁，下有七八岁的孩童，许多外国友人也留下对拉贝的钦佩之言。

这其中有一串长长的笔迹特别引人注目。那是一则 2007 年 1 月 26 日的留言，落款是大屠杀见证人芮体和。"我是大屠杀的见证人。拉贝先生我见过，那年我 13 岁，就住在离这不远的汉口路 17 号。我今年已经 83 岁，当时看到一位高个子外国人，正是拉贝先生。参观后，又使我回想起 1937 年 12 月

中国不会忘记

13日血腥大屠杀的场面。感谢伟大的国际主义和平使者,拉贝先生虽逝永生。"

习近平主席曾经这样说过:"中国人民纪念拉贝,是因为他对生命有大爱,对和平有追求。"

2014年2月27日,十二届全国人大常委会第七次会议通过决定,将12月13日设立为南京大屠杀死难者国家公祭日,每年都会以国家公祭的方式,祭奠在南京大屠杀中死亡的30万同胞。

矗立在南京侵华日军南京大屠杀纪念馆前的国家公祭鼎,洪钟大吕昭告天下,慰藉英灵:

泱泱华夏,赫赫文明。仁风远播,大化周行。泊及近代,积弱积贫。九原板荡,百载陆沉。侵华日寇,毁吾南京。劫掠黎庶,屠戮苍生。卅万亡灵,饮恨江城。日月惨淡,寰宇震惊。兽行暴虐,旷世未闻。同胞何辜,国难正殷。哀兵奋起,金戈鼍鼓。兄弟同心,共御外侮。捐躯洒血,浩气干云。尽扫狼烟,重振乾坤。乙酉既捷,家国维新。昭昭前事,惕惕后人。国行公祭,法立典章。铸兹宝鼎,祀我国殇。永矢弗谖,祈愿和平。中华圆梦,民族复兴。

拉贝说,这段历史"可以宽恕,但不可以忘却"。我们为南京大屠杀死难者举行公祭仪式,是要唤起每一个善良的人们对和平的向往和坚守,而不是要延续仇恨。

今天,面对拉贝故居,我们仿佛仍能听到拉贝先生朗朗的笑声,沉重的叹息;看到他挥舞手臂的愤怒表情,伏案奋笔疾书日记的侧影……

拉贝,永远活在中国人民心中!

约翰·拉贝 —— 拯救 25 万中国苍生的"东方辛德勒"

音乐欣赏

歌曲《春天的故事》

柯棣华
白求恩式的共产主义战士

启航

　　初秋的印度洋，海天一色。一群海鸥上下翩飞，它们的叫声被喧闹的人声淹没。男女老少或高歌，或喊着"印中人民是兄弟""团结必胜"等口号。或许是第一次远渡重洋，习习海风拂在脸上，他感觉到一种少有的体验。

　　长长的一声汽笛，把邮轮与海岸隔开，英国邮轮"拉吉普塔纳"号缓缓驶离港口，他用力挥动双臂，向海岸边、跳板上，或远或近欢送的人群辞别。父亲的身影在他的视线里逐渐退远、模糊，不知不觉中，一滴泪无声地滑落在他的面颊。

　　"我这是怎么了？"他悄悄自诘，"都已是28岁的男人了！"他觉得这滴泪来得不是时候，迅速悄悄拭去。他留意观察同行的四名队友，发现有人眼里也噙着泪，还有人一边拭泪，一边使劲地挥手向岸上的亲友道别。

　　再见，朋友们！再见，孟买！等我凯旋，

我的亲人!

五人医疗队里,除了和队长爱德有过短时间的交流,其他三名队员他都还不太熟识。

"以后我们将长期在一起战斗了。"他想。于是折身进入船舱,向队友投去友善而真诚的微笑。

阳光透过椭圆形的舷窗照在他黝黑的脸庞,也照着他随身携带的那本书。邮轮在一望无涯的大洋上向东驶去,白浪翻卷,一如他此刻的心境。

夜色罩住了窗外的一切,邮轮在波涛上起伏颠簸。大概是由于他在告别时刻太激动,也或是有点晕船,后半夜他根本没睡着,对面卧铺上的队友巴苏好像也失眠了,在狭窄的床上烙饼似的翻过来掉过去,百无聊赖地盯着天花板发呆。他明白,今夜难眠。他索性拧开床头的台灯,打开枕边那册已经概略读过的英译本《红星照耀中国》。

这本书他是读过几页又回看的,而且几次翻看封面,作者埃德加·斯诺的署名字体不大,但搁在简洁的封面上却十分醒目。"感谢您,斯诺!"他心里说,"您用朴实、平白的语言,向全世界介绍了中国共产党,让我大致了解了这个政党及其领导的中国人民进行艰苦卓绝的革命斗争;也使我知道了毛泽东、周恩来、朱德、董必武等这些响亮的名字。"心里默念时,他感到自己此刻的状态与母亲祈祷时入定十分相似,带着发自心底的虔诚和膜拜。

"中国的社会革命运动,也许遭受失败,或许要暂时退却……但它不仅依然继续成长,而且到底要获得胜利。""这种胜利到来时,它的力量是那么强大,它的破坏力的喷射是那样难以抗拒,要把目前蹂躏东方的帝国主义的暴行毁灭净尽!"想到这些,他找到原文,又生怕吵到邻铺,一遍又一遍默读,尔后用指甲在这些文字的下方画一道线。

中国不会忘记

历史和好书都是一面镜子。他闭上眼,心潮随波涛起伏:在很久远的公元前,宗教、文化和商业贸易,就把印中两国人民联结在一起,近二十个世纪成为昨天,两国人民命运依然如此紧密相连。这是宿命,还是历史的偶然?印度和中国,竟有这么多的相似之处!同样的历史悠久、文化文明灿烂,疆土同样的幅员辽阔、地大物博,民族同样的人口众多、勤劳勇敢。往近代看,两个国家的特质愈加趋同——随着15世纪欧洲人发现通往东方的新航路,加上殖民主义航海事业的迅速发展,争霸这个鬼魅的身影开始向世界的东方游荡。霸主,不对,应该叫强盗头子,不断地易主。葡萄牙人、荷兰人、英国人,当然,还有强盗联盟,在霸占印度的同时,一直觊觎中国,妄图征服蚕食。他觉得,在强盗逻辑里,印中两国,就是他们垂涎已久的姊妹花,无本取利的掠夺场。

在他出生前,葡萄牙殖民统治者,同时打开了印中两国的大门,从此,强盗们在这两块辽阔而肥沃的土地上肆无忌惮地横行。1849年,英国殖民主义者取代葡萄牙占领了全印度,而在更早的1840年,那伙强盗在中国发动了令人不齿的第一次鸦片战争。而就在一年多前,哦,书上著述的更早!日本侵略者的铁蹄,又踏上大洋彼岸的那块古老的国土。他咬咬牙,一股愤懑连同热血开始上涌。

邮轮上,这位翻来覆去一夜未眠的英属印度青年,名叫柯棣(Dwarkanath S. Kotnis)。

这天,是1938年9月1日。

晨曦微露,柯棣感到有一丝倦意,他把书放在枕下,遂侧身向内,进入似梦非梦的状态。经历的过往,像他看过的某一部歌舞剧,开始演绎。

成长

1910年10月9日，柯棣出生于时属孟买的绍拉普尔。十多年前，绍拉普尔作为一座较大的村庄，虽然有点名气，但在广袤的版图上，是不易找到的一个小地方。随着工业的兴起，那儿逐步发展为重要的纺织工业中心。待到柯棣懂事时，它已是马哈拉施特拉邦的一个颇具规模的城市。

和绍拉普尔一起成长的柯棣，在若干年后，仍能清晰地回忆童年时代印迹很深的见闻：剥落了油漆的门窗，四处起皮的墙壁，还有那些不知道从哪儿钻进屋里的长蛇。三岁那年，父亲还没有下班，母亲靠在床沿，哼着童谣哄他和哥哥睡觉。就在他即将入梦之际，突然听到哥哥的一声尖叫。他讶异地望去，一条巨蛇正沿着床架向他们嗦嗦爬来！那条蛇，比训蛇人豢养的玩偶要大得多。他顿时被吓傻了，眼神里满是惊恐。就在这时，妈妈一把抱起他，一手拉上哥哥冲出房间。在邻人的帮助下，那条诡异的蛇被打死了。这件事，在兄弟俩的记忆里始终挥之不去，多年仍心存余悸。小柯棣时常想，为什么蛇会爬到我家里？那些傲慢的英国人华丽的乔治式建筑里会不会有蛇之类的东西？

无人解答小柯棣的疑惑。在童年的记忆里，同大多数印度人相比，柯棣的一家起初并不算贫寒。父亲是一家工厂的办事员，业务能力较强，事业也还算顺利，不久便升任为办事处主任。即便如此，拥有12个孩子的父亲用薪酬养家糊口仍显得捉襟见肘。其中有四个孩子因营养缺乏、医疗条件过差而不幸夭折。母亲从小失聪，也全亏她勤俭善持，全家衣食才勉强有所保障，兄妹们也还可以上学读书。

小柯棣十分淘气，且淘得颇有创意。为此没少挨妈妈的巴掌。四岁那年，父亲决定把他送进学校，与同龄人相比，他算比较早入学的孩子。父亲的潜台词里有两层意思：一是对于男孩，有管束的"圈养"一定比"散养"成长要快；二是早一年入学、毕业，就可以早一年工作挣钱为家庭分担。不谙世事的

中国不会忘记

柯棣不会考虑那么长远,他倒是很乐意上学,学校对于他而言,充满了神秘和新奇,就连老师说的每句话都是新鲜的,是经历的语境中不曾有过的新鲜。

在校园里,小柯棣的学业是出众的。每次公布成绩,他总是名列前茅。但是,校长并不喜欢他。因为这个小职员的儿子问题多,还总是出其不意。他的提问总与主旨教学内容格格不入。比如,为什么英语是印度的官方语言?我们有上千年的本土语言不好吗?为什么我的家里会出现蛇?让老师无以应对。校长对英国人恭顺有加,认为柯棣的问题是无端的、不合流的。"小鞋"是现成的,看啥时候穿。六岁那年,小柯棣考试成绩突出,可是在校长的授意下,硬是把奖学金给了比他成绩差之甚远的同学。留给小柯棣的只有不平、愤恨和无可诉说。

他能跟谁说呢?父亲严厉,母亲失聪,兄姊自顾不暇,几个小伙伴也失去了联络。

十岁那年,小柯棣在没有公平的环境里捱过小学生涯。父亲把他送到北科特国立英语中学。刚到校门口,不悦已经传遍他的全身。"我是印度人,为什么要进英语学校?"父亲陷入思索,也进入窘境,拍拍他的脑袋,没有回答他的问题。柯棣又说:"我就想弄明白!"良久,父亲说:"长大了,你就明白了!"

其实只有亲历过的父亲知道,从他的祖父开始学英语,正因为通晓英文,才获得普通印度人仰慕的职位,也才使得这个大家庭生活有着落。

柯棣小学快要毕业的那年,一种流行病席卷印度,许多人染病不治而亡。尤其是农村,每天都有许多人病亡。绍拉普尔与农村紧邻,直到柯棣跨进中学大门,每天都能看到村子里不断有人被裹上白布,在一片哭声中抬出去,人们生活在死亡的恐怖阴霾之中。究竟是什么怪病?整个印度病亡多少人?柯棣一直在寻找答案。数年后,他终于从一本探讨印度土地问题的小册子里,把问号拉成叹号——这次具有毁灭性的流行病毒,竟是西班牙流行性感冒!这一疾疠在农村的病亡率达到感染者的一半,真是恐怖!然而,这是摆在面前的现实，且是隐瞒数字的官方统计。特别是听说儿时要好的伙伴，12岁的阿米尔在这场疫灾中不幸罹难的噩讯，又无法见他最后一面，柯棣平生第一次感到世事无常，无比神伤。他震惊、悲恸、孤独、凄伤，心上的裂痕无法弥补。

一个多月后，从加尔各答入学的一位叫桑吉的同学告诉他另一个数字，使柯棣的心理受到更为强烈的震撼。这位同学对社会问题也非常感兴趣。桑吉通过调查了解到，家乡加尔各答的病亡率超过其他所有城市。在那座城市，印度人的平均寿命不足26岁，而统治他们的英国人，平均寿命为70.2岁。类似的问题，一个接一个撼动着柯棣的心，他百思不得其解。

是时，日本的明治维新在印度广为传播，赞誉者众。"民壮而国强"成为社会前沿的口号。在日本的部分史书上，新医学在明治维新中的作用被夸大到极端，甚至定论为起决定性作用。这对年轻柯棣的职业选择产生了影响，1928年，在对未来的职业生涯必须做出抉择的关头，他毫不犹豫地选择报考医学专业。

在格兰特医学院，柯棣整整待了八年。他修完全部医学课程，取得学士学位，并以优秀成绩留校担任生理学助教。留校第二年，他获得住院大夫的职位。

柯棣长大了。可是，他的个头只是中等身材。许是家境不富裕的缘故，他的体格不算健壮，身上没有年轻人引以为豪的腱子肉。给人印象最深的是他黝黑的脸庞上嵌着浓眉大眼。一对双眸里，始终闪动和善而机警的光芒。这双眼睛，透过医学这个可以瞭望社会的窗口，他看到病态社会中两种截然不同的典型症状：**一种是花天酒地而患病的富人；另一种是因为饥饿、寒冷、患病，无钱医治的赤贫百姓。**

距医院两个街区的地方，住着一位穷苦出身的鞋匠，是一名肺病患者。柯棣给他免费诊疗过，并开出药方。这一天，他登门看过另一个病人后，恬记着鞋匠的病情，遂向城中的贫民窟走去。快到时，他听到屋子里隐约传出断续的哭声。他加快脚步跑过去，那位老实巴交、长年辛劳的鞋匠，已经身体僵硬地躺在地上。

鞋匠，三个穷苦孩子的父亲，几年前丧偶的中年男人，一生为吃穿住用犯愁的手艺人，柯棣惦念的众多医治对象之一的病人，永远地离开了这个世界。

对于病人，柯棣心里有本账，如果鞋匠照着他开的药方抓药，顶多三个疗程，再注意调养和休息，定会治愈。他怎么也没想到，这个病症并不算严重的穷汉子，会因此离世。他强忍悲痛，问鞋匠的大女儿："我可怜的朋友、你的父亲什么时候去世的？"答："今天早上，早饭都没吃。"他又问："为什么不及时叫我过来？"答："没钱了，连买面粉的钱也没有了。"

鞋匠的三个孩子，最大的15岁，最小的才六岁，身上一件像样的衣服也没有。六岁的男孩头发蓬乱、双眼红肿，怯生生地走过来，伸出干瘦如柴的小手拉着柯棣的衣角，低声央求道："先生，行行好，救救爸爸好吗？"

男孩的声音轻弱、卑微而又无助。柯棣的心都快碎了！

本欲想发一通脾气的柯棣强压住了。这些孩子能有什么错呢？他们既拿不出看病的诊疗费，更没有买药的钱。

男孩见他没有回应，失声恸哭，其他两个姐妹伏地号啕。这哭声，啃啮着医生柯棣的心。他没有勇气再多听一分钟，他掏出今天出诊的全部报酬50卢比，给了鞋匠的大女儿，一路狂奔地逃离了。

城市的大街上，优雅的贵妇们，倚靠着马车厢悠闲地聊天，考究的英国男人，头戴高高的礼帽在赶赴酒会，爵士乐曲从乔治式建筑里缓缓淌出。而在同一条街上，成年的、未成年，正常的、残疾的乞丐衣衫褴褛，向行人频频鞠躬乞讨一口吃食；而鞋匠的三个孩子，仍在为安葬父亲愁眉紧锁，为今后的生活叫天不应、叫地不灵……

这样的情景，柯棣不是第一次也不是最后一次目睹。这个夜晚，那声求救像一记重锤敲击他的心扉。

他痛苦、悲愤、压抑、烦躁，辗转难眠，干脆跳下床，推开窗向外望去。起风了，树木在狂摇。对面的建筑内音乐还在喧嚣，社会的"上层人"正在举行宴会，欢迎他们远道来的贵宾。不，他们俨然是这里的主人。望着这天上人间，一阵巨大的悲哀袭上他的心头。他"砰"地关上窗户，可能因为用力过猛，也可能是大风作祟，天花板上的电灯泡被震得剧烈地摇晃，随后"啪"的一声，灯泡碎了。眼前一片黑暗。

这或许是当今社会给予他最契合现实的回答。

转身

医学救国的理想，就像那只灯泡，不堪一击。柯棣陷入苦苦思索之中。

1938年初，孟买。火车站前一幢高大建筑物的白墙上出现一张巨幅漫画。画面上，一支即将漂洋过海进犯中国的日军队伍，在佛寺里虔诚地祈祷。漫画下方写了两行诗："**武装的矛头杀向中国，信念的箭镞射向佛佗！**"漫画作者未署名，但诗的作者柯棣知道，是他崇拜的诗人泰戈尔。再往下，挂着一条横幅，上书"孟买援华募金站"。一群青年学生聚集在那里，其中一个小伙子站在高台上高声讲演。

"女士们，先生们，朋友们，帝国主义的魔爪又伸向我们的近邻中国了！他们，和我们一样，她是一个广辽而积弱的国家。现在，他们全民族反抗法西斯的战争爆发了！

"关于中国的一切偏见和谎言都被枪炮声打破了。对于屠杀，人们只有拿起武器，向他们开火。我们同样是被宰割的人群，世界上最悲惨的人，一定要支援他们。真主告诉我们，援助兄弟就是援助自己！同胞们，都出一份力吧！"

中国不会忘记

小伙子的演讲充满激情，不时有人向捐献台走去。柯棣注意到，一名衣衫破旧的脚夫向募金箱投下几枚卢比的场面，让他为之一震！于是，他摸摸衣兜，还有些钱，就走向捐献台。

连日来，广泛的援华运动在印度展开，学生们讲演、市民们募捐，文艺界义演、商业界义卖，连贫困的脚夫、车夫这些最底层的穷人也自发向募捐箱投下几枚钱。读过世界地理、世界历史的柯棣，只知道中国和印度一样贫穷，一样受强盗的压榨、欺凌。印度有年复一年的饥荒，中国是连绵不断的军阀混战。当然，柯棣尚不清楚，在这个被全世界嘲笑的军阀混战之外，更有一场神圣的战争，那是中国共产党领导下的人民革命，是中国的苏维埃运动，是中国人民追求民主、追求独立、解放和自由的伟大斗争。只是当权者的报章把这些都封锁了。身为一个殖民地的青年，柯棣知之甚少。

没有哪张纸能够包住火。这场战争的消息虽然迟到，但毕竟到了。毛泽东对美国记者贝特兰的谈话，八路军总司令朱德呼吁世界人民抵抗日本法西斯的暴行，工农红军东渡黄河声威大振，平型关大捷，八路军在华北重创坂垣旅团，八路军挺进敌后，抗日根据地纷纷建立，敌后游击战捷报频传……通过电波飞越喜马拉雅山峰。当然，还有零零星星来自欧洲战场的讯息。医者柯棣惊喜地读着这些电讯，关注着中国战场上的一举一动。**中国人民不负和平世界的期望，抗日战争对一切被压迫民族是鼓舞，是启示，是唤醒。**

民族要解放、国家要独立，青年柯棣从一连串的消息中，渐渐读懂了当今中国，读出了如熊熊烈火的希望。

去中国，支援中国人民！这一想法，在心中萌芽、生根。

柯棣在家信中写道："我将这个决定看作人生道路上的重大转机。"

可是，他怎样才能到中国去呢？

机会来了。刚刚从支援西班牙人民反法西斯战争前线归来的爱德医生，在国大党的支持下，呼吁印度组织一支援华医疗队，很快得到各界人士的积极响应。与此同时，成立了一个为医疗队募集资金和挑选人员的专门委员会。柯棣闻讯，立即向该委员会提交申请。然而，就在他满怀希望等待回复的时候，委员会工作人员告诉他，有明文规定：医疗队只从全印挑选五名优秀医生，且必须具备丰富的外科诊疗经验。以此条件，毕业才两年的住院大夫柯棣显然达不到。更何况申请参加援华的医生已超700人。

较早的时候，1938年，孟买把6月29日命名为"中国日"，意在将援华热潮推向新的高峰。柯棣就选择这一天，给专门委员会主席写了一封言辞恳切的信，极力表达个人对中国人民的兄弟感情和为中国的解放尽绵薄之力的决心。在送达委员会的近百封申请书中，再没有比柯棣的亲笔书信更能打动人心的了。

为确保能如愿被选上，柯棣又设法直接与主席谋面，他觉得当面表达应该更为奏效。发出申请书两天后，主席接见了他。

主席耐心地为他分析利弊："战争是极其残酷的，死亡寻常得见。此外，你若去了中国，会影响继续深造，甚至将会失去难得的工作岗位。希望慎重起见。""参加援华，并不是狂热的行为。我感到机会难得，想为中国兄弟尽绵薄之力。请主席先生同意我的请求！"柯棣的话极其诚恳。这次接见，柯棣并没有得到肯定的答复，主席只是答应尽量考虑他的申请。

带着惴惴的心事，柯棣回到家中。当他踏进父母的房间，不由一愣。父母、哥哥、妹妹全都在这。父亲手拿一封信，那是柯棣寄回的家信。看上去，这个家庭会议已经开了好久。对于他的出现，全家人先是惊讶，接着便是沉默。父亲的表情没有明显变化，只是语气沉重地说："坐吧！你给我们出了难题。现在，你自己来解答吧！"

柯棣一时不知所措，屋子里的空气似乎快要凝固。过了好一会儿，母亲把他拉到一旁，抚摸着他的额头，眼里含着泪光，摇摇头说："德瓦卡（柯棣的爱称），告诉妈妈，你真的决定去中国吗？"面对失聪的妈妈，他没有回答，只是点点头。妈妈的眼神一下子复杂起来，颤巍巍地紧紧抓住他的手，顿时泪如泉涌。

战争就会有死亡。这一点，柯棣已经考虑过，也做好充分的思想准备。但即将告别母亲，他还是没能控制住自己的泪水。他帮妈妈擦去泪，刻意用轻松的语气说："不用担心，妈妈，慈悲的真主会保佑我们的！"

"你这个年纪已经有主见了。我同意你去，但需要提醒的是，我不愿意有一个半途而废的儿子！"父亲对他的选择明显感到惋惜。

哥哥、妹妹都劝他慎重起见。这个贫寒的大家庭，也确实需要他的得力维系。

柯棣以执着赢得父亲的支持。父亲陪同他专程赶赴孟买，向委员会主席表达了全家人支持的态度。

"作为一名医生，我应该去援助那些正在流血的中国人，这是我的责任！"柯棣坚定地说。

这一年的八月底，由来自阿拉哈巴德的队长爱德、来自那格普尔的副队长卓克、来自加尔各答的队员巴苏、木克和柯棣组成的医疗队成员，从各地赶到孟买集中。

8月31日下午，孟买的华侨在吉马哈尔饭店为他们举行欢送宴会。孟买国大党委员会和当地劳工组织在真纳大厅召开盛大的群众欢送集会。会议主席发表了热情洋溢的讲话，他称医疗队是无任命驻华大使、人民大使，现场的群众全部站起来，报以雷鸣般的掌声。

周折

1938年9月17日下午，医疗队到达广州。此时，只有队长爱德和队员巴苏心里有一个明确的方向：延安。柯棣和其他两名队员天真地认为，只要入境中国就可以随时随地一显身手了。

六天后，医疗队乘车北上，途经长沙来到国民党政府的大本营武汉，他们在这一带生活了半个月。医疗队几经申请，被分配工作。巴苏和卓克到64军后方医院工作，爱德和柯棣、木克则到另一所野战医院。在这所医院的见闻，令柯棣大为光火。国统区官商勾结，竟将第三国支援的药品"掉包"，以假充真，大发横财。许多受伤士兵因此贻误了治疗时机，伤势日重。

柯棣心急如焚。"别着急，马上就会好起来的。"比他年长几岁的巴苏安慰道。巴苏心里有数，在广州时，宋庆龄先生迎接他们时已告诉他，到武汉可以和共产党组织取得联系。周恩来、董必武和叶剑英等同志都在江城开展统一战线工作。

医疗队到达武汉八路军办事处时，记者招待会正在进行。主持工作的周恩来同志明显认出了他们，用目光致意欢迎。等他们入座后，才继续回答记者们的提问。周恩来表情既严肃又丰富、充满智慧，镇静自若、挥洒自如，时而讥讽、时而幽默，回答问题谈笑风生，面对刁钻发问不卑不亢，控制现场游刃有余，整个人带着独特的魅力和强大的气场。柯棣悄悄把眼前的人和《红星照耀中国》里斯诺称其为周的人作对比。

记者招待会一结束，周恩来立刻远远地向柯棣他们伸出热情的手。听完爱德队长介绍柯棣后，周恩来浓眉飞扬，高兴地拍着他的肩膀："你最年轻，好啊！无论现在，还是将来，都可以为中印两国人民的友好往来做更多的工作。"

9月30日，董必武、叶剑英在四川饭店举行宴会，欢迎印度医疗队全体队员。

说是宴请，其实就是一顿简单的便饭，却又是一次精神充实的宴会。大家用英文唱《红旗》，用法语唱《马赛曲》，用中文唱《八路军过黄河》。席间，谈吐风趣的董必武告诉他们怎样才能成为真正的八路军战士。此次会面，柯棣非常看重。不仅是因为通过会面可以给以后的工作带来转机，更重要的是，他想对斯诺笔下的记述予以实地探访和证实。纸上得来终觉浅。诚然,他坚信斯诺是一位客观的西方记者。

在八路军办事处的短暂逗留,柯棣留神观察发觉,从领导到战士,每人的伙食标准都是八分钱。他对共产党及其领导的八路军更有好感。离开前,他与办事处的每位同志都紧紧地拥抱。

对于医疗队提出要到八路军工作的请求,周恩来非常赞赏。他说:"谢谢你们!现在,八路军、新四军确实很困难,很需要你们的帮助。不过,"周恩来略为沉吟地说,"我们研究一下,你们是不是先到国民党统治区工作一段时间?"医疗队队员表示不解。周恩来认真地说:"考虑到统一战线政策,这样,可能更适合一些。"

柯棣和队友还是不解其意。事后他们才理解,这正是周恩来的高瞻远瞩之处。因为在印度,共产党员还被关在监狱;而在中国,国民党正在为破坏抗日统一战线和反共摩擦制造口实。

警报,轰炸;轰炸,警报。敌机空袭,使武汉市民整夜不敢合眼,人心惶惶。十月底,国民党政府先后放弃了广州和武汉。印度医疗队接到通知,撤到湖北最西部城市宜昌。

敌人近在咫尺,宜昌却无伤员。原因是国民党军队弃城不守。空袭的骚扰和威胁,医疗队还能忍受,但无事可做的烦恼却在折磨着他们。在武汉,他们还有工作可做,可在宜昌的26天里,他们每天都在等待。终于,最年长也有耐心的队长爱德也待不住了。他把大家召集起来,说出自己的想法。医疗队全员响应,他们向国民党联络官提出尽快到前线去的要求。

医疗队在耐心等待八天后,接到通知,全部撤到陪都重庆。抵达山城,例行的欢迎过后,官员们再未露面。第二天,国民政府卫生总署一名官员礼节性地到访,说了几句客套话便告辞了。他们提出去延安的请求、安排工作的愿望,无人理会。官员们好像有意在回避他们。

时间一天天过去，医疗队坐了17天的冷板凳。实质上，这是无声的警告：他们必须放弃去延安的要求。

沉郁的雾罩着山城，也罩在了柯棣的心头。他不止一次地催促爱德向国民政府抗议。爱德不语，他知道抗议是无效的。

耐心是有限度的，他们终于看清国民党回避拖延的目的。爱德决定率全体队员直取卫生总署，正式提交请求。

卫生署长见医疗队带着按捺不住的怒火，满口答应他们的要求。可是，一切借口的结果只是"打太极"而已。有经验的爱德勃然大怒，他严肃地告诉署长，必须立即一起到八路军办事处，当面声明，卫生总署已经批准他们的请求。

医疗队的决心无人能够阻挡。拒绝行政院长孔祥熙的"美意"，舌战"佛学家"、考试院院长戴季陶，面对种种"规劝"，突破重重障碍，前后一个多月的交涉，在一番针锋相对的斗争和全力斡旋之后，他们以援华的执着信念，回击了国民政府的"避、劝、诱、压"，拿到了前往延安的军事安全通行证，且获得必要的车辆、油料保障支持。

1939年1月22日，医疗队终于踏上奔赴延安的征程。

就在和戴季陶会见的当天，为证实援华的既定决心，五名队员分别在自己的姓氏后面加一个"华"字。他们的新名字是——

爱德华、卓克华、柯棣华、巴苏华、木克华。

信仰

天气寒冷，积雪没膝，山路蜿蜒、悬崖千丈。一辆美国产"福特"牌最新款救护车离开古城西安向北驶去。车辆两侧红十字标志和"印度国民援华委员会赠"的英文字样分外醒目。至此,医疗队在西安又被人为地耽搁了八天。

途中，医疗队遇到不计其数的青年人。他（她）们有的徒步，有的搭乘各种能够搭乘的交通工具。看得出,在奔赴延安的路上,他们走得太久、太艰难。爱德华不禁大发感慨:"这简直是奇迹!20世纪的中国'耶路撒冷',凭什么吸引了如此之众的'朝圣者'!"

经过十几天的长途跋涉,医疗队终于抵达陕甘宁边区。他们被边区人民欢迎的热情感动着、浸染着。

到延安的第三天,在八路军总卫生部欢迎会的热烈掌声里,队员们见到了传说中的毛泽东主席。身穿打着补丁粗布衣服的毛泽东热情地和他们握手,翻译向他们传递中共高层领导的欢迎词。布衣领袖的朴素形象,令柯棣华感到吃惊和意外。当晚,毛主席邀请医疗队员一起观看抗大学生的演出。

几天时间内,柯棣华和队友又参观了延安的部队、机关、医院、学校、纺织比赛现场。他们很快被分配到各自的岗位。爱德华、柯棣华和巴苏华在八路军军医院。卓克华去卫生学校,五月底,他返回印度;木克华留在卫生部门诊部工作,八月初,他又因患肾结石急需治疗回国。

八路军医院驻在距延安35华里的拐峁,柯棣华被任命为外科军医。他在延安的全部时间都在该岗位。虽说是部队医院,但前来看病的不完全是指战员,附近的老乡,甚至边区之外的群众,也有赶来就医的。病人来自四面八方,既有根据地的领导,也有山沟里的农民。这所医院为柯棣华新打开了一扇窗。在这里,他结交了许多朋友,从他们身上,他亲眼看到了中国革命根据地军民团结、一切为了前线的风貌,也开始认识人民领袖毛泽东。

柯棣华结识了一位来自天津的农民。这位大叔的两个儿子都被日军杀害了。他站到了儿子战斗过的岗位,成为共产党的一名地下交通员。没多久,大叔被捕。地下党把他营救出来时,已经奄奄一息。问他有什么要求,他提出,要到延安看望毛泽东。党组织满足了他的愿望,设法把他送到延安。在一次手术后,柯棣华问他:"在生命的最后时刻,您为什么只想见毛泽东呢?"大叔答:"像我这样苦难的人,不见一眼我们的大救星,死也闭不上眼睛!"

这就是信仰的力量。在和朋友、病人的交往中，柯棣华逐渐明白了。在黑暗中经历漫长岁月的中国人民，终于从共产党、毛泽东那里看到了光明。人民爱戴，并不是谁神化了他们，是因为同为普通人，不同的是，他集中了人民的智慧，代表了人民的利益。

9月23日，队长爱德华派他到卫生部取材料，同时催问一下他们，何时可以去前线。办完事刚欲返回，工作人员通知他，毛泽东听说印度友人来了，邀请他们一起共进晚餐。他顾不上向队长报告，跟着工作人员一路跑到杨家岭。

窑洞内，毛泽东正伏案工作。一见柯棣华，立即起身，紧紧握住他的手。

柯棣华环视一周，毛泽东办公兼居住的窑洞内，比斯诺讲到的、过去听到的还要简陋。除了一张没有抽屉的办公桌、几只木椅、一盏油灯，再没有什么家具。不同之处是，书架、炕上、窗沿，层层叠叠地堆满了书。

毛泽东招呼他坐下，关切地问他生活是否习惯，工作有哪些困难，对医院的工作有什么意见。毛泽东亲切和蔼的话语，立时打消了柯棣华的拘束，他一一作答。

和毛泽东的谈话像是拉家常。从他们的启程、辗转，谈到柯棣华的家庭，又从印度人民的生活状况，谈到印度的姓氏，特别提到他们的改名："每个人都在姓氏后面加了个'华'字，你们是真心实意来援华的啰！"

给柯棣华的第一印象是，毛泽东很健谈。聊了近两个小时，开始再简单不过的晚餐。

"**我们的祖先很早就来往了。我们，要将悠久的友好关系发展下去。中印人民应该更加亲密地携起手来，有了人民的团结，有了国际的团结，帝国主义一定会被打倒！**"这句话，柯棣华一字不落地记下了。

机会难得，柯棣华向毛泽东提出去前线的事。其实此事很早就获批准了，可是由于敌人加紧对陕甘宁边区的封锁，考虑到医疗队员的安全，卫生部决定推迟他们出发的时间。听完柯棣华一番话，毛泽东爽朗地笑起来，愉快地答应了。柯棣华高兴极了，他站起来，学八路军战士的样子，立正、敬礼道："请毛主席对我们今后的工作给予指示。"

毛泽东掐灭烟蒂说："你们出发时，我们还要见面。现在我只提三点希望，一是要学习好；二是要工作好；三是要宣传好。希望你们做出新的成绩。"

"一定不辜负党中央、毛主席的期望！"柯棣华又敬了个军礼。

战位

11月的西北高原，已是天寒地冻。来自亚热带的柯棣华何以见过这种情形。1939年11月4日，柯棣华和爱德华、巴苏华，还有一位年轻的德国医生，踏上通往晋东南前线的曲折道路。

出发第三天，医疗队的车抛锚了。不得已，车载人只好改为人拉车。沿途所见，没有一个村落是完整的，人们纷纷逃难，大量的青壮年加入了抗日队伍。一路坎坷，一路艰辛。山高路远不说，还需随时警惕敌情。为了不让敌人发觉，他们尽量轻捷、隐蔽地前进。艰难行军17天，柯棣华一行终于到达武乡县八路军总部，见到了亲切的朱德总司令。

欢迎仪式后，朱总司令问："有个白求恩同志，你们知道吧？"

大家答："知道。看过报道。他前些天在前线牺牲了。"

"他是一个好同志，是一个真正的共产党员……"朱德的声音低沉。

24日上午，医疗队应约参加了八路军总部举行的纪念白求恩大会。朱德高度赞扬了白求恩同志的国际主义精神、高超的医术和高尚的医德，号召大家学习他的献身精神。

柯棣华朝白求恩遗像深深鞠躬，内心久久难以平复。

前线的生活比延安艰苦得多。爱德华的湿疹又犯了，痒和痛折磨着他。翌年二月初，爱德华返回印度。五人援华医疗队，只剩下他和巴苏华。

1940年初，晋察冀边区虽然还在发展、壮大，但仍然被敌人分割、包围，敌中有我、我中有敌，医疗工作必须适应这一严峻形势。按照学习计划，他俩来到129师，一边做医疗工作，一边熟悉八路军的游击战术。前线的八路军医务人员创造了新的医疗形式，即伤员被分别送到老乡家里，医疗小组走村串户登门检查、治疗，乡亲们帮助掩护、调养。在冀鲁平原上，病人和医生都是游击队员。"他们好像是在岩石缝隙里成长起来的森林。"柯棣华这样打比方。同时，他更欣赏这样的医卫组织形式。

在前线，八路军指战员英勇作战、破敌深入，前后方同向发力、舍生忘死抢救伤员的实例，柯棣华每天都会遇到。中国共产党领导的军队官兵一致、军民一致，条件如此恶劣，手术室那么简陋，药品这等奇缺，然而，从没有一个伤病战士被忽略和放弃过。紧张艰苦、生死读秒的战地医护之中，对前来就诊的平民百姓、支前民工，也从不怠慢，医务人员的英雄行为令他震撼，给予他无穷的动力，他每天都超负荷工作。

1940年初，日寇在山西北线对八路军大举进攻；在南线集结重兵对我晋东南根据地不间断发动攻击。在晋东南首府长治的山地里，一场惨烈的战斗打响了。

"医疗队离前线越近，救治的效果就越明显。"这是白求恩大夫的经验。在柯棣华的强烈建议下，临时医疗站设在前沿阵地。

抗击日寇重兵的战斗打得非常艰苦，战斗打响不多久，医疗站就忙得不可开交。一批又一批伤员等着他清创、包扎、急救，手术从晚上一直做到第二天中午，柯棣华只是喝了几口水，都来不及进食。

任其枪林弹雨、不顾疲劳饥饿，柯棣华拼尽全力工作。在这场战斗中，他连续工作了46个小时。敌人的反制到了短兵相接之时，指挥部为了他们的安全，劝他和伤员们一起后撤。柯棣华生气地大声说："假使我不能和战士们同生共死，就不配在八路军工作！"

伤员全部撤回后方了，柯棣华查看了医疗站的统计数字，就在这样一场战斗中，竟有 22 名指战员牺牲，76 名同志受伤。他疲惫的眼神里注满了悲伤。但看到阵地上尸横遍野的日军士兵，他不由升起必胜的信心。

柯棣华和巴苏华在晋东南前线工作了三个月，对八路军在山区的作战方式有了初步的了解。他觉得还不够，平原地区的游击战是个什么样？他向总部提出，希望到平原地区去。经批准，四月上旬，他们告别了 129 师，向冀南平原进发。

经过十多天的行军，他们来到了平原上的第一个村庄。

"军民大生产""抗战必胜"。在这里，他俩会读、会写并理解了许多汉字。又在几天内，参加了由当地农救会组织的第一个行动：破敌运输线。

月挂高天，夜幕低垂。侧卧在乱坟岗里的柯棣华四下张望：德石铁路向远方延伸，敌人的炮楼闪着星星点点的光。他既兴奋，又担心，这里是日军作为重要基地的河北平原，这个夜晚，将会发生什么？

不时传来火车驶过的声音。柯棣华不知道究竟有多少人悄悄地埋伏在铁路两旁。就在他揣度之际，突然响起一声唿哨，接着，前后左右唿哨声四起。刹那间，趴在地上的人群一跃而起，飞身向铁路冲去，铁路被数不清的人影遮住了。人们举起杠子、镐头，迅速沿着铁路散开。紧接着，金属撞击声响起来。事情的发生竟会如此迅速，没等他弄清阵仗，随着一声响亮的号子，那条巨蟒似的铁轨整体被掀向半空！

没有近敌战斗，没有枪声，更没有伤员。他紧走几步，碰了一下前行的巴苏华："那一道黑色闪电，你看到了吗？"

此时的柯棣华从冀南、冀中再到冀西，一直在敌后活动。时而随大部队参加战斗行动，时而在火线抢救伤员。战斗间隙，他不是去探望伤病员，就是去访问村民群众。在河北平原，他还学会了打碾子、挑担子。看病、座谈、参加集会……新的生活给他带来许多快乐，他每天的日程安排得满满当当。

就在这前后,印度援华委员会接连发来几封电报。电文云:政府发出提醒,医疗队原定的一年期限早就超限。如果他们继续待下去,护照、回国后的职业都会有麻烦。他们情知援华委员会也是一片好心,但是在八路军度过 16 个月的柯棣华明白,这里是多么需要他们。

是回印,还是留华?柯棣华不加犹疑地选择了后者。

8 月 17 日,柯棣华、巴苏华被派往地处葛公村的晋察冀军区白求恩卫生学校(医院)。在这里,他收获了爱情。

她叫郭庆兰,曾在协和医院当过护士,现任卫生学校护理教员。她和柯棣华首次谋面就产生了好感,两人相识相爱,一年后在战地浪漫曲中喜结良缘。

在救护前线和后方,柯棣华一心扑在救治工作上,医院各项建设在"反扫荡"中进行。业余时间,他刻苦学习中文。此间,他已可熟读毛泽东所作的《纪念白求恩》一文。几个月后,军区司令聂荣臻签发命令:任命柯棣华为白求恩国际和平医院首任院长。

艰苦的生活,繁重的工作,长时期得不到休息,柯棣华由血缘虫引发的癫痫病已经发作过几次了。

1942 年 7 月 7 日,在鲜红的党旗下,柯棣华举起右手庄严宣誓:**"我志愿加入中国共产党,我宣誓为反对法西斯斗争的胜利,为实现共产主义而奋斗,我要将一切献给这壮丽的事业。"** 在延安整风运动中,经组织考察,柯棣华成为中国共产党的一名党员。

共产党员柯棣华以新的姿态投入战斗。为策应教学的急需,他抓紧点滴时间编写完《外科总论》,又开始着手编写《外科各论》。

同年 8 月 25 日,妻子郭庆兰诞下一子。儿子取名印华,和柯棣华有着同样的脸庞、同样的眼神。

永诀

1942年12月8日晚。柯棣华在稿纸的边角写下新一页的编号：173。然后，继续写下去。笔在纸上奋力奔跑，一如他行军的步伐。突然，他眼前的事物停止了，手中的笔在纸上画了一道长长的横线。他整个身子猛地向后仰去，摔倒在地。过了约三分钟左右，他睁开眼睛，发现妻子已经给他注射完一剂药水。他向妻子伸出手。妻子疼爱地看着他，但又拗不过，便扶他坐到椅子上，整理好桌上有些凌乱的手稿，把笔递给他。

时针接近十点，柯棣华的癫痫再次发作，又一次摔倒在地，昏迷和痉挛整整持续了近一刻钟。当他醒来，面前出现了一张张熟悉的面孔：校长、政委、教员、医生、护士，他挣扎着想坐起来，却已无力。在一阵急促的喘息中，他吃力地说："谢谢大家，请休息吧，这算不了什么。"

一个小时后，柯棣华的病再次发作。直到9日凌晨6时15分，每隔10—15分钟发作一次。守在身边的同事把吗啡、樟脑液都用上了，但再也没能唤醒他。

这一年，他才32岁。

柯棣华逝世的噩讯传到延安，毛泽东挥泪写下这段话：

> 印度友人柯棣华大夫远道来华援助抗日，在延安华北工作五年之久，医治伤员，积劳病逝，全军失一臂助，民族失一友人，柯棣华大夫的国际主义精神，是我们永远不应该忘记的。
>
> 　　　　　　　　　　　　一九四二年十二月二十九日

在中国大反攻的前夜，1942年12月18日，人们注视着他凝结的笑容，捧着他亲笔书就的"抗战必胜"，忍不住泪湿衣襟，唱起悲壮的挽歌：

你从温暖的印度洋岸边

到中国北方抗拒严寒

你为明天的世界

在华北苦战五个秋天

你竟在长夜的尽头

流干了生命之泉

亲爱的柯棣华同志

你崇高的形象

将在我们的行动中复活

在我们的记忆里长存到永远！

音乐欣赏

歌曲《天路》

后记

从萌生想法到拿出策划方案，从市场调研到寻找投资方，从人物筛选到确定作者……这一路走来，太多太多的美好让人感怀，太多太多的人令人敬佩。感谢王家康、楚济学、董保存、黄绍兵四位老师的不吝赐教；感谢李辉、吴明、张伟、朱玉生、汪冬莲、李航等老师的辛劳；特别感谢北京和衷文化的王科先生，他是一位有情怀、有格局的人。几个月来所有的辛勤付出，都化作了一个共同目标的实现：《铭记》系列丛书的顺利付梓。

在本系列选题的写作过程中，我们参考、借鉴了相关书籍和报刊资料，在此一并向有关作者表示诚挚的谢意。真诚希望本系列丛书的出版，能让爱国主义精神激荡于每位华夏儿女心中，让国际主义赞歌响彻所有热爱和平的人的耳畔，为实现中华民族伟大复兴中国梦、推动"一带一路"建设和构建人类命运共同体营造良好人文环境，作出应有的贡献。

编者
2021 年 7 月